PABLO MARÇAL

Os 7Ps
da EMPRESARIZAÇÃO

PABLO MARÇAL

Os 7Ps
da EMPRESARIZAÇÃO

ENCONTRE MAIS
LIVROS COMO ESTE

Copyright desta obra © IBC - Instituto Brasileiro De Cultura, 2024
Sob Licença - Pablo Marçal
Reservados todos os direitos desta produção, pela lei 9.610 de 19.2.1998.

1ª Impressão 2024

Presidente: Paulo Roberto Houch
MTB 0083982/SP

Coordenação Editorial: Priscilla Sipans
Coordenação de Arte: Rubens Martim

Publisher: Elisangela Freitas
Editora: Sandra Selino
Transcrição: Andréia Boeira
Preparação: Andréia Boeira e Priscila Satiro
Revisão: Cledson Silva de Jesus e Sandra Selino
Projeto Gráfico e Diagramação: Rogério Salgado
Capa: Gerson Nascimento
Arte-Final: Rogério Salgado

Vendas: Tel.: (11) 3393-7727 (comercial2@editoraonline.com.br)

Foi feito o depósito legal.
Impresso na China

	Dados Internacionais de Catalogação na Publicação (CIP) de acordo com ISBD	
M313s	Marçal, Pablo	
	Os 7 Os da Empresarização / Pablo Marçal. - Barueri : Camelot Editora, 2024. 168 p. ; 15,1cm x 23cm.	
	ISBN: 978-65-6095-042-9	
	1. Autoajuda. I. Título.	
2023-3750		CDD 158.1 CDU 159.947
	Elaborado por Odilio Hilario Moreira Junior - CRB-8/9949	

IBC — Instituto Brasileiro de Cultura LTDA
CNPJ 04.207.648/0001-94
Avenida Juruá, 762 — Alphaville Industrial
CEP. 06455-010 — Barueri/SP
www.editoraonline.com.br

SUMÁRIO

Introdução   9

Capítulo 1
Primeiro P da empresarização: Propósito   13

Capítulo 2
Segundo P da empresarização: Produto   29

Capítulo 3
Terceiro P da empresarização: Pessoas   47

Capítulo 4
Quarto P da empresarização: Processos   69

Capítulo 5
Quinto P da empresarização: Planejamento   89

Capítulo 6
Sexto P da empresarização: Produtividade   121

Capítulo 7
Sétimo P da empresarização: Propagação   149

Conclusão   165

*A natureza é próspera e cíclica,
é natural crescer.*

INTRODUÇÃO

Existe a ciência da riqueza, e 'ciência' significa saber. A maioria das pessoas não sabe que a busca pelo saber é inerente a elas. A pergunta é: "Como?". E esse 'como' é por meio da ciência.

O sucesso é simples, você pode fazer um estrondo e rapidamente as pessoas saberão quem você é. Mas eu digo que o sucesso não existe, é uma alienação insuflada em modas e paixões que não permitem às pessoas enxergarem o óbvio.

A escassez não tem cura, não é filosófica, é necessário tratar por camadas. Também envolve ler, testar formas de agir, praticar e, se preciso, retroceder para acertar e acelerar.

Aprenda e ensine os seus filhos e outras pessoas a ler os códigos que vão destravar suas mentalidades e siga em frente! Pague o preço do *network*, invista em relacionamentos, e lembre-se da reciprocidade, busque o autogoverno, leia a Bíblia. Jesus não é religião, Maria não é católica. Se Jesus fosse religião, todos nós que cremos em Jesus seríamos judeus.

Uma boa empresa começa com um líder ou, podemos dizer, com um monarca. Mais à frente na leitura, você entenderá por que falar de Reino, Reinado e Rei. Rei é alguém que começa, às vezes contra tudo e todos, com suor, sangue e "gordura" e irá arregimentar um exército com alinhamento, ética e transparência, *skin in the game*, que arriscam a própria pele.

O monarca chegou ao topo, a empresa cresceu e agora ele precisa expandir, se cercar dos melhores profissionais, dos melhores especialistas, criar uma aristocracia. Aristocracia em grego quer dizer os melhores (e não tem nada a ver com aqueles homens emperucados dos filmes, que dançam, divertem-se e não fazem nada).

Nesse caminho, há um elemento fundamental: a honra. Honrar a quem tem honra. Comece pelo seu pai e sua mãe. Um pai deve treinar os seus filhos. Imagine uma criança que não tem orientação, os conselhos de um pai. Você pergunta ao seu filho: "O que você vai ser quando crescer?". Eu explico por que você faz essa pergunta: Porque você motiva os seus filhos a estudarem por causa do dinheiro, mas você precisa saber que ele tem liberdade de

INTRODUÇÃO

escolha. Você não precisa ser o melhor pai, você precisa ser um excelente treinador.

Talvez esteja pensando: qual a relação entre prosperidade, crescimento da minha empresa, família e Reino? Quando você descobrir que a sua família é um Quartel General do Reino, que as famílias são nações e que você não é a sua profissão e, sim, a imagem e semelhança de Deus, você ativará a sua identidade de quem realmente você nasceu para SER.

Uma empresa sem liderança fatalmente irá ruir. Eu crio o *framing* - a tomada de decisão que vai reger a cultura da empresa; o efeito *framing* se refere ao contexto de como uma decisão é tomada à medida que se apresenta um problema. A cultura da empresa é a visão de princípios, o que vai exaltar o Reino. O Reino é o Reino de Deus. Ele já criou todas as coisas para reinarmos. E como eu me posiciono como gestor? Cultivando a cultura do propósito. A cultura é a visão e a construção dos princípios que irão exaltar o Reino. A preocupação é com a moral, e não com os erros, líderes fortes reavaliam estratégias que não deram certo e seguem em frente

Aparentemente, há uma desvalorização da honra. Há uma cultura Pós-Iluminista, que traz uma certa revolta em sua gênese. Primeiro, destrona Deus e centraliza no homem; depois, ataca o rei, um rei não pode mandar no povo, então, acaba com o rei e o pai de família.

Quem é este pai de família? É o monarca na sua casa, então a ideia é destruí-lo. A figura do homem másculo, protetor, que abençoa a família, que trabalha, que tem ousadia, não está em equilíbrio com o "discurso", ele é uma figura "nociva". Então, não é somente a desconstrução do homem honrado, é a desconstrução do homem, porque ele é uma figura masculina que cria lideranças, constrói, realiza, não é escravizado. No Marxismo, no globalismo a figura da autoridade é considerada uma ofensa, atualmente há uma radicalização da agenda progressista. Se no iluminismo o discurso era contra a religião, no globalismo é contra os princípios morais; em ambos, figuras de autoridade são um empecilho.

Seja exponencial: aprenda e treine, invista em pessoas. Cada um de nós tem um propósito, se você aprender a ter legalidade humana, irá construir uma base muito bem fundamentada, influenciando pessoas. Nós temos uma visão de Reino, o mundo é nosso, não estamos falando de religião, estamos falando de Reino, de ativar identidade de filhos de Deus.

Agora, vá prosperar sem parar!

CAPÍTULO 1

PROPÓSITO

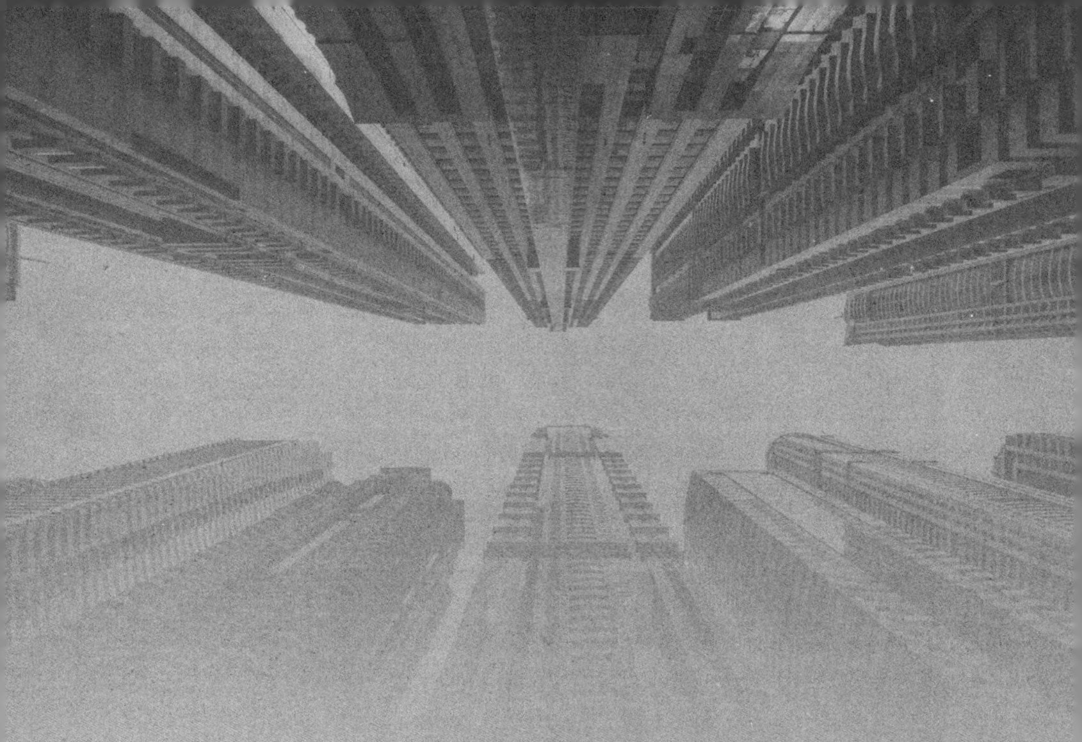

EMPRESA

O que significa empresa para você?

Eu entendo empresa como Armamento do Reino. Lugar de Armar pessoas e Potencializar a Mensagem.

Esse armamento eleva a potência do empreendedor como pessoa, e abre um leque de possibilidades como:

1. Fazer recursos e investir naquilo que você foi chamado.

2. Treinar pessoas.

3. Multiplicar talentos.

4. Servir a sociedade.

5. Fazer acessos, por meio de *networking*, o que não seria possível sem as empresas.

Agora, qual é o sentido que eu dou para uma empresa, no aspecto financeiro?

Posso afirmar que a empresa é caixa eletrônico sem boca para depósito. O que quero dizer é que a empresa não nasce com a formalização (criação do CNPJ) e, sim, quando você não precisa mais colocar dinheiro nela, antes disso ela é um dependente. Empresa que precisa colocar dinheiro não é empresa, então é necessário colocar data pra ela deixar de ser dependente.

Empresa é caixa eletrônico sem boca para depósito.

Existem cinco datas importantes na trajetória de uma empresa:

1. Abertura - O dia da abertura da empresa, que marca o início da jornada empreendedora.

2. Ponto de Equilíbrio Financeiro - Também conhecido como *"Break Even Point"*, é o momento em que a empresa começa a gerar receita suficiente para cobrir seus custos e despesas, sem necessitar de investimentos. É um marco na linha evolutiva do faturamento.

3. Payback - Para garantir que a empresa tenha responsabilidade com o seu fundador, uma estratégia é criar um sistema de transferências programadas ou boletos, em que a empresa se comprometa a devolver uma quantia em dinheiro periodicamente É uma estratégia para calcular o retorno do investimento até o período em que os rendimentos acumulados se tornam iguais ao que já foi investido, ou seja, é o tempo que um investidor recupera o capital inicial investido.

4. Gestão Profissional - Formação do corpo executivo, contratação de um CEO. É quando a empresa passa a ser liderada por um profissional capacitado e experiente, em vez de ser liderada pelo fundador. Isso traz novas perspectivas e ideias, e permite que o fundador se dedique a outras áreas importantes do negócio, sendo conselheiro, participando da governança.

Você pode estar pensando: "Mas a empresa ainda é pequena!" Sim, mas vai acelerar mais o crescimento.

Se você ficar focado e ocupado todo o tempo, não vai sobrar tempo para você prosperar. Quem trabalha demais não tem tempo de prosperar, pois fica sem visão expansiva. E isso vale para profissional liberal, trabalhador de carteira assinada, autônomo, empresário e cia.

5. Legado - A transmissão do negócio para alguém, por venda, doação ou fechamento é um marco importante, pois representa a **criação de um legado** e a continuidade da empresa. Isso pode acontecer por meio da venda ou da sucessão da empresa para um sucessor capacitado.

Por que você abriu uma empresa?

Qual foi a motivação que o levou a criar a sua empresa? É importante ressaltar que uma empresa não deve ser aberta apenas

> **É preciso ter um propósito maior, que vá além do lucro financeiro, algo que dê sentido e significado ao que você faz.**

com o objetivo de ganhar dinheiro. Se essa for a sua principal motivação, você corre o risco de perder seus valores, sua integridade, sua visão e se tornar escravo do dinheiro.

Quando o dinheiro é a primeira opção, é como se você estivesse trocando a honra, a intimidade e o tempo por dinheiro. Ou seja, a sua decisão acaba sendo semelhante à da prostituição: se vender.

Quando você está na corrida dos ratos, você escolhe cursar a faculdade que vai colocar mais dinheiro no seu bolso. Isso não é culpa sua, mas é problema seu. Você foi programado para fazer escolhas dessa forma.

Comece a usar esta frase: Isso não é culpa minha, mas é problema meu, e eu vou resolver.

Estatísticas mostram que 77% das pessoas, no mundo inteiro, trabalham naquilo que não gostam. Por quê? Provavelmente, a decisão foi feita com base no dinheiro.

A vida de uma pessoa não deve estar totalmente ligada ao seu negócio, mas, sim, ao seu coração e ao seu propósito de vida.

É muito importante separar as finanças pessoais das finanças da empresa, pois misturá-las pode levar à falência. É fundamental manter o caixa da empresa e o caixa pessoal separados e controlados adequadamente.

Para escolher uma boa marca, é preciso ter um significado por trás dela. A marca deve representar algo que seja importante para as pessoas e que tenha um impacto positivo em suas vidas. Uma marca com significado pode criar um vínculo emocional com os consumidores e aumentar a sua lealdade.

As marcas *Mentoria o Jogo da Vida* e *Pior Ano* foram criadas intencionalmente para ser uma marca dupla, para abrir duas vertentes: a vertente de quem quer aprender a jogar, e a vertente de quem quer sofrer, porque sabe que esse é o caminho de chegar a vários lugares. São duas marcas que se juntaram.

Saber como vender um significado é o que faz uma empresa decolar. **O objetivo principal de uma empresa é impactar pessoas, transformá-las e dar-lhes acesso.** O foco número um de qualquer empresa deve ser pessoas. O propósito número um da *Mentoria Jogo da Vida* é a transformação. O segundo propósito é dar acesso a algumas pessoas ou a alguns lugares. O propósito sempre é levar uma pessoa do ponto A até o ponto B.

Algumas empresas se concentram em suprir e vender **necessidades**, oferecendo produtos

A marca deve ser algo que traz benefícios emocionais e cerebrais para as pessoas.

e serviços úteis que ajudam as pessoas a economizar tempo e a resolver problemas.

Por outro lado, outras empresas se concentram em vender **facilidades**, oferecendo soluções que tornam a vida mais simples, mas que nem sempre são essenciais. Um exemplo disso são as *startups* que têm como objetivo facilitar a vida das pessoas, oferecendo soluções que tornam as tarefas cotidianas mais fáceis e práticas. Oferecer facilidade é um grande diferencial em um mercado cada vez mais competitivo.

Para trazer notoriedade à sua empresa, é importante descobrir onde está o seu ponto forte e investir nele. Quanto mais poderosa e eficiente for a solução oferecida, maior será o retorno obtido.

PROPÓSITO

O alvo número um de uma empresa é marcar pessoas, transformar pessoas, dar acesso a pessoas. O propósito é sempre o norte da companhia. E você precisa contar essa história para todos. Histórias conectam almas. A empresa que conta a sua história vale mais.

O propósito precisa ser narrado por meio do *storytelling*. O propósito não precisa ser inventado, ele precisa ser extraído. Não tenha como missão ser a maior em algum setor, o propósito muda tudo. As pessoas não compram o que você faz, mas por que você faz!

Propósito é um norte que vai fazer toda a sua companhia seguir. Consumidores pagam mais por empresas que têm propósito, logo, ele aumenta as chances de lucro. O propósito mantém os colaboradores motivados e produtivos e atrai pessoas nas redes sociais. Eu faço negócios com o propósito que eu carrego.

Eu não preciso fazer dinheiro para cumprir o meu propósito. Eu posso monetizar o meu propósito.

O sistema precisa ter uma única linguagem. O Propósito define a linguagem base para as pessoas que são contratadas na minha empresa. Exemplo: coração ensinável, tratável, pronto para aprender e desaprender.

Propósito atrai, dá manutenção e promove pessoas. Imagine o ambiente onde todos desejam explodir na vida!

O propósito da sua empresa não é apenas fornecer facilidade ou utilidade e, sim, transformar as pessoas. Sua empresa deve potencializar as pessoas, dando acesso e permitindo que desfrutem de algo novo. Por exemplo: se você vende roupas jeans, não está apenas vendendo um produto, mas ajudando as pessoas a se sentirem bem consigo mesmas e melhorando sua autoimagem.

Alguns afirmam que isso não existe, isso porque ainda não entenderam a importância de se ter propósito. Quando você entende a importância do propósito, se dedica a fazer com que todos no negócio entendam e trabalhem nessa direção. Existem negócios que transformam a vida das pessoas. E é isso que sua empresa deve buscar fazer.

A empresa é como se fosse um pedágio, é legítimo pagar pedágio desde que a pessoa consiga chegar aonde ela deseja chegar. Acredito que seja isso que as empresas devam fazer e nunca fizeram.

O propósito é a alma da empresa, não a propaganda. O propósito é a razão pela qual a empresa existe e é o que a diferencia de outras empresas. Se a empresa tem um propósito autêntico e de valor, não precisa se preocupar tanto com a propaganda, pois seus clientes serão seus maiores propagadores.

GESTÃO & MERCADO

Contar uma história inspiradora e autêntica é uma forma poderosa de gerar valor e de se conectar com pessoas. O propósito deve estar alinhado com a solução que a empresa oferece para um problema existente no mundo. Isso é o que torna uma empresa verdadeiramente transformadora.

As minhas empresas fornecem soluções, informações, acesso e produtividade. Todos os colaboradores são treinados para estar alinhados ao propósito da empresa. O sucesso

O propósito é a alma da empresa, não a propaganda.

1P - PROPÓSITO

de uma empresa é contratar pessoas que compartilham do mesmo propósito.

Muitos não entendem que um dos maiores sucessos do meu negócio é que, para trabalhar comigo, é preciso estar na mesma frequência. Os negócios começam com um propósito e devem crescer alinhados a ele. Começar com um propósito e cumpri-lo sempre. Caso contrário a empresa deverá ser encerrada ou transferida para alguém que possa dar continuidade.

Segundo Simon Sinek, a estratégia do *Círculo de Ouro* consiste em visualizar o propósito da sua empresa respondendo a três perguntas: Por quê? Como? O quê?

Faça o seguinte exercício de reflexão utilizando a imagem abaixo:

Círculo de Ouro. Simon Sineck

1) O porquê de você fazer isso?

Resposta hipotética: Porque um dia algo mudou na minha vida e eu quis transformar a vida das pessoas.

2) Como você faz isso?

Resposta hipotética: Entregando soluções, serviços, produtos, com o processo e a forma com foco no propósito. Qual é a ação para colocar em prática? Seja a sua empresa voltada para Consultoria, Conteúdo Profissionalizante, Gestão de Pessoas, você deverá trabalhar o fator produtividade, deverá aplicar a sua energia e possibilitar que os seus colaboradores tenham mais tempo disponível. Com esse tempo, poderão prosperar e desfrutar da vida com as suas famílias e com as pessoas que convivem nesse círculo, ou seja, com o mesmo propósito de transformação da alma e de autogoverno.

3) O que você faz?

O que você vai fazer deve apontar para a direção do seu propósito. A alma da empresa é o propósito, é o porquê. Não é a propaganda, a propaganda faz parte do *marketing*. O propósito da marca será sempre o norte da companhia. O propósito vai conectar o consumidor à cultura organizacional, aos objetivos, à missão da empresa.

Aprendendo esse Círculo de Ouro que somente 5% das empresas do mundo sabem e praticam, sua empresa irá crescer de tal forma que será quase impossível mensurar o seu crescimento.

O propósito da minha empresa é promover o Reino. O meu propósito é simples: usar as empresas que eu tenho para alcançar pessoas. Logo, disponho

O propósito é o significado por trás da existência do meu negócio.

de todo o recurso, retroalimento o sistema e ele multiplica. Nessa multiplicação, obviamente, mais pessoas são envolvidas para cumprir o propósito chamado por Deus.

Não faça nada pelo dinheiro, o dinheiro é uma das recompensas, e não a etapa principal, se for a principal, você virou um prostituto do mercado, vai se sentir sujo e não terá paz. Nós precisamos governar. O dinheiro é o escravo e o escravo trabalha, multiplica e continua crescendo. É diferente quando você entende por que você faz o que você faz, como entregando soluções, entregando serviço.

Qual o processo? Qual ação você vai tomar para que essa solução, esse produto, esse acesso, esse serviço, chegue às pessoas?

Anote: **o propósito é o significado por trás da existência do meu negócio.**

Cada empresa específica tem um propósito. Não entro e também não saio de negócios por conta de dinheiro. Esse senso de propósito faz um monte de gente vir dos confins da terra, para trabalhar comigo, porque propósito é igual proposta. Se você contrata pessoas que não têm o mesmo propósito, não fará sentido, serão duas linguagens dentro de um sistema.

Um sistema precisa ter somente uma linguagem, algumas empresas não prosperam porque não têm uma linguagem única, uma linguagem clara. Eu, por exemplo, não aceito fofoqueiros e não aceito gente derrotada.

Para selecionar alguém, não defino pela beleza ou pela cultura, se o propósito é governar, é prosperar, a pessoa passará por um crivo: coração ensinável, lealdade e simplicidade. Estou longe de ter os melhores colaboradores, mas todo mundo começa na mesma frequência. Pessoa com coração ensinável pode até fazer careta quando você corrige, mas ela diz: "eu vou aplicar, vou testar". O coração mostra quem está pronto para aprender e para desaprender; o coração ensinável é um coração tratado, é um coração que não é indomável. Contudo, você só se certifica no percurso.

A deslealdade é igual ao câncer, rapidamente se alastra e dá metástase e destrói o negócio. É necessário manter um padrão de pessoas altamente focadas naquilo que estão fazendo. Quando você estiver trabalhando, pergunte-se: "por que estou aqui?". O propósito atrai gente disposta a colaborar com a sua manutenção, ou seja, a ideia é que se mantenha e, ao mesmo tempo, promova novas pessoas. Assim, quanto mais clara a mensagem, mais vai atrair pessoas e repelir outras.

TAREFAS:

1) Procure 7 empresas e pesquise o seu propósito. Exemplo: Nasa, Coca-Cola, Disney…
2) Ler o livro: *Uma vida com Propósitos* - Rick Warren.

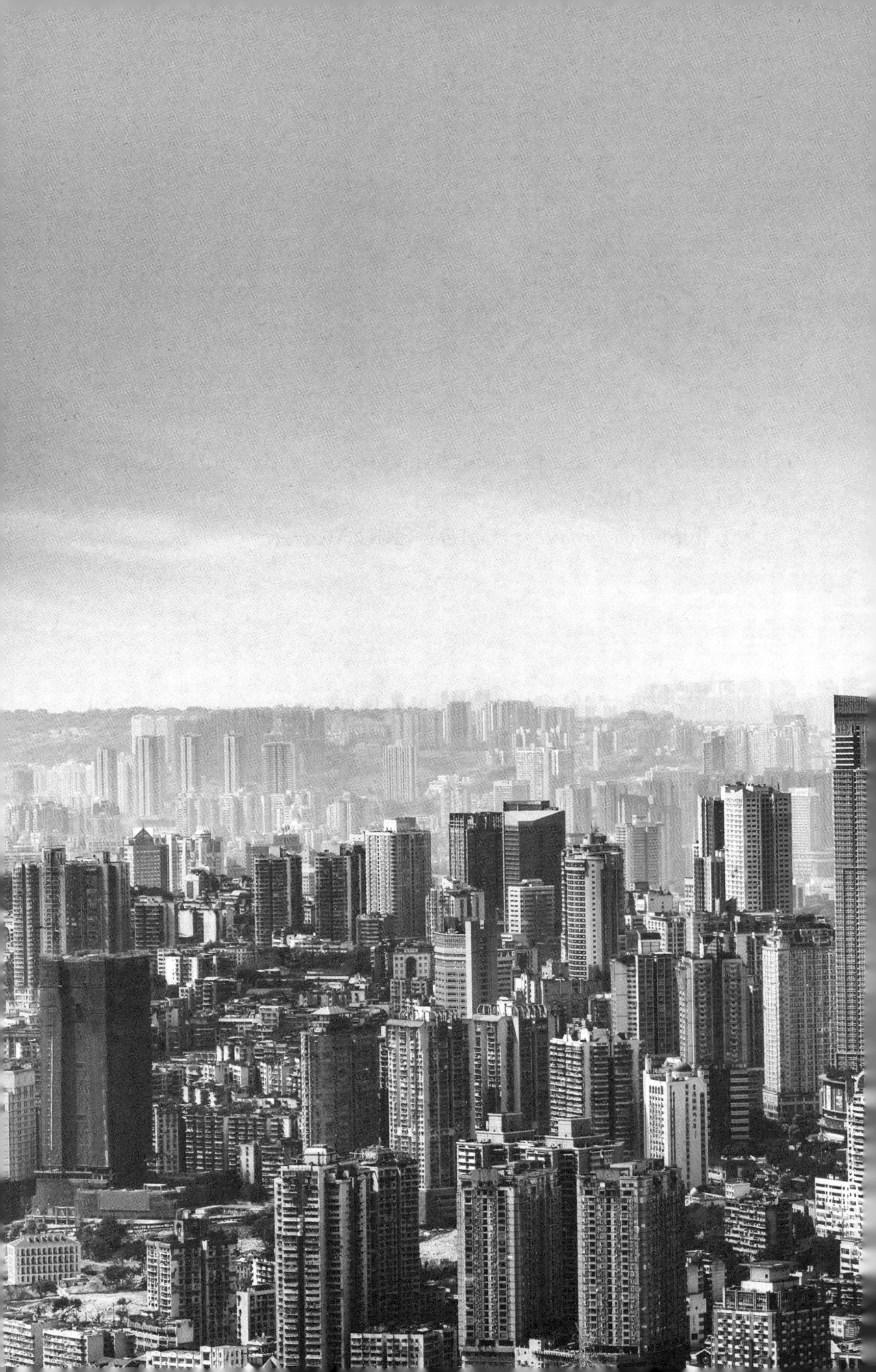

CAPÍTULO 2

PRODUTO

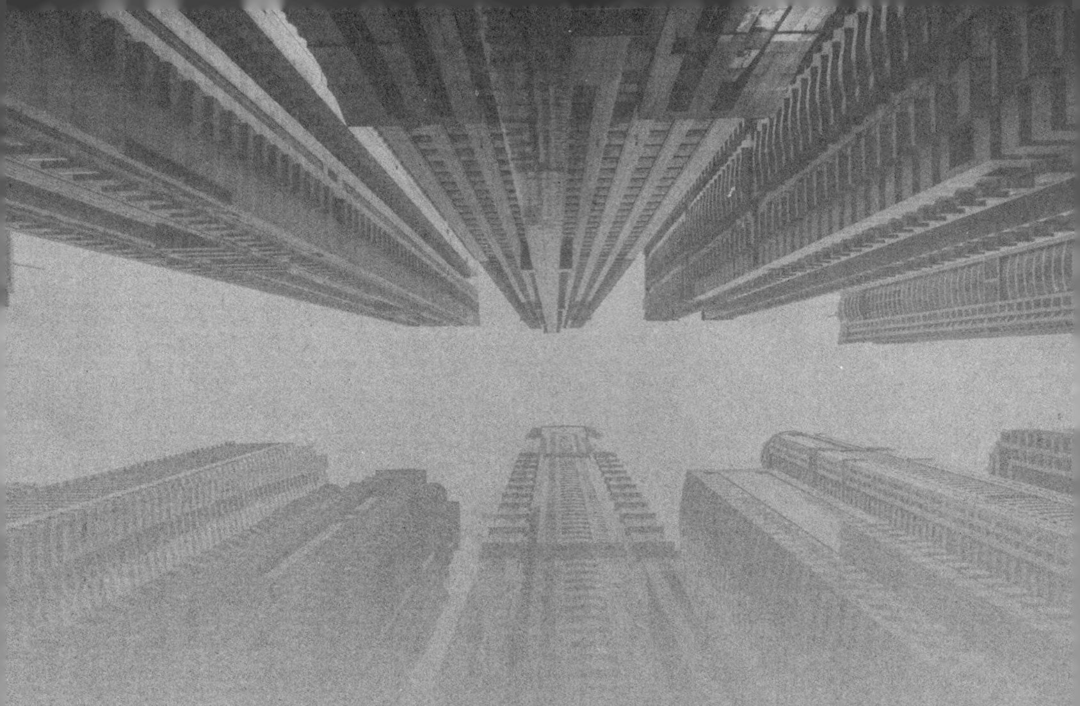

P roduto é a materialização de uma ideia. Eu sou um produto, a materialização da ideia de Deus. Eu carrego a semente de um produto.

Ideia, semente e gente significam a mesma coisa. Um cérebro com uma ideia negativa cruza com outro cérebro com uma ideia positiva e nasce um produto.

Eu sou o maior produto da criação. Existe ordem na criação. O que foi criado primeiro é para servir ao último. A mulher é a bela da criação.

O produto humano serve enquanto a alma está no corpo, após a alma sair do corpo, ele entra em putrefação. A validade do corpo humano está em Gênesis 6:3. O produto tem a cara de quem o criou. *Branding* é a roupa que você coloca no produto e ela lembra o criador do produto.

Você já plantou uma semente? Uma semente é plantada no ar, no fogo ou no barro? É no barro que é feito o processo assustador de multiplicação. Se você plantar milho, terá um milharal, o produto tem sua matéria-prima, tem um processo de germinação, assim como a planta, você é um produto, Deus o fez do barro.

As árvores carregam um produto, os rios são produtos; o ecossistema é produto da Criação. É importante o entendimento de que você é um produto. **Você é o maior produto da criação de Deus, é o mais valioso e o mais poderoso.** Você carrega a semente, você tem a semente de um ser humano dentro de você. Essa é a coisa mais importante sobre o produto.

Você sabe como gerar riqueza? A geração de riqueza vem de uma gestação. Eu preciso da semente para conectar com a fêmea. As sementes que estão na terra, na fazenda, nas aplicações, nas empresas trarão retorno. Você sabia que uma ideia precisa passar por um processo de gestação? Como isso acontece? Na sua mente. Assim, como o sêmen precisa de uma fêmea, a semente também precisa. Essa é a criação.

Eu não "engravido" processos de empreendedorismo em uma

Você é o maior produto da criação de Deus, é o mais valioso e o mais poderoso.

máquina. Observe: macho, trabalho, carro não enriquecem. Você pergunta: "Como Salomão se tornou o homem mais rico da Terra?". Deus deu a ele sabedoria, e a sabedoria é a semente. O que Salomão fez? Encarregou-se de plantar as sementes da sabedoria.

O produto tem roupa lembrança *branding*.

Deus criou os animais, criou todas as coisas e disse o seguinte: está aqui alguém que carrega minha imagem e semelhança, Deus o criou por último. Não fique com raiva porque os homens vêm antes das mulheres. A bela é ELA, a mais importante que vem depois do homem. **O que vem primeiro é para servir o que vem depois.** Deus não fez o homem para servir a natureza, a natureza serve ao homem.

Quando você entende essa ordem, passa a compreender que você é um produto, que foi resgatado, que foi pago mediante um sacrifício de amor. Ele lhe disse: "Dou-lhe salvação".

O prazo de validade desse produto é até o dia em que a alma desconecta do corpo, depois disso começa o processo de putrefação. Você é um produto com validade de 1.200.000 horas É difícil romper essa barreira da casa dos 120 anos, é uma validade que Deus colocou. Se você quer plantar, precisa usar esse tempo.

Quando você entende sobre produto, percebe que tudo é um produto, nós somos um produto que tem validade, não há nada que não tenha validade. Todo produto tem um criador, um exemplo é o *design* da Apple. É fácil reconhecer a sua marca e identificar um plágio. O *design* é a forma autoral do criador.

O produto tem roupa / lembrança / *branding*. Não se esqueça disto: o produto tem a cara de quem o criou. A roupa que você coloca no produto vai determinar a lembrança que a pessoa tem. Tudo pode trazer lembranças da marca, exemplo: garrafa VOSS parece garrafa de perfume; garrafa da Perrier parece garrafa de cerveja, a marca Levi 's lembra calça jeans.

As pessoas têm sentimentos e emoções ao verem produtos que refletem uma identidade. É importante entender quais são esses sentimentos e lembranças que irão despertar o desejo pelo consumo.

Os produtos podem ser monetizados ou não monetizados. Os não monetizados são importantes para gerar lembranças sobre os monetizados. Uma forma de monetizar é utilizando os **3D's da necessidade de qualquer produto: Dor, Dúvida e Desejo.**

Dor:

Um exemplo para entender essa necessidade é você sendo empreendedor no ramo de venda de purificadores de água e, ao encontrar uma pessoa que tem doença renal, saberá imediatamente que está ocorrendo pouca ingestão de líquido. Você, empreendedor, precisa vender água para essa pessoa, lembrando o custo financeiro de uma cirurgia e o custo de um purificador de água.

2P - PRODUTO

O produto é uma semente do sentimento.

Se a pessoa entender que é importante tomar água filtrada e que água é fundamental para o ser humano, que 70% do mundo é água e 70% do nosso corpo também, automaticamente a pessoa sentirá sede e tirará o foco do preço do produto e colocará na cura da sua dor. Continue oferecendo o produto perguntando o quanto ela bebeu de água hoje. Diga que o ideal é tomar de 2 a 2,5 litros de água por dia. Se você beber 500 ml de água por dia, não será o suficiente para suprir a necessidade do seu organismo. Naturalmente, quando a pessoa começa a pensar em água, o cérebro já criará um sabor para essa água e o desejo de bebê-la.

Então, **o produto é uma semente do sentimento.** Se você tem um sentimento negativo de qualquer produto, você passa a não gostar mais desse produto, por conta dessa sensação.

Desejo:

Na geração de hoje, as pessoas não se importam tanto com o produto e, sim, como vão aparecer usando esse produto, a pessoa se imagina usando aquilo. Quando estive nos Estados Unidos, comprei uma cafeteira. Ao comprar o produto, o que veio primeiro, a dor, o desejo ou a dúvida? Como alguém me fez comprar uma cafeteira?

O Tiago Rocha me fez desejar, levou-me para o outro lado da ponte e nem ganhou comissão. Ele chamou a vendedora que

As pessoas não sabem o que querem.

falou sobre os benefícios da cafeteira usando *storytelling*, isto é desenvolvendo uma narrativa em torno de um produto para agregar mais valor a ele e à marca. Quando vi, estava desejando aquele produto.

As pessoas não sabem o que querem. Steve Jobs disse: "É preciso fazer o que as pessoas desejam, e elas não sabem o que desejam, eu colocarei o desejo dentro delas." Desperte o desejo nas pessoas, faça com que elas se vejam desfrutando daquele produto.

Dúvida:

Particularmente, não gosto de aparecer nos *stories* para alimentar desejo, gerar dor ou dúvida. Não tenho a mínima vontade de mostrar nada de McLaren, nem de avião, mas, quando mostro o que estou fazendo, preciso ser 100% intencional.

Faça exatamente o que precisa ser feito para cumprir o que está no seu coração, o seu propósito. Seja sempre intencional. Eu não sou aleatório. É necessário conhecer e desenvolver métodos para encontrar as pessoas que comprarão o seu produto. Eu preciso ativar no seu coração a vontade de vender, não é sobre vender por vender.

Vender é entregar algo, é mudar a cabeça e o coração de alguém, é sobre servir.

VENDER é entregar algo, é mudar a cabeça e o coração de alguém, é sobre servir.

O produto sempre virá depois do propósito, senão você vai pegar o dinheiro em vez do propósito. O produto é uma forma de se conectar com alguém. Na teoria de Maslow, a teoria que organiza a hierarquia das necessidades humanas, das mais básicas até as mais complexas, Abraham Maslow (1908-1970), um psicólogo norte-americano que estudou a importância das necessidades das pessoas contou com as variáveis: o amor, a fé, a individualidade, a existência, a espiritualidade e a esperança. O objetivo principal é entender a necessidade do homem e como elas são impactadas.

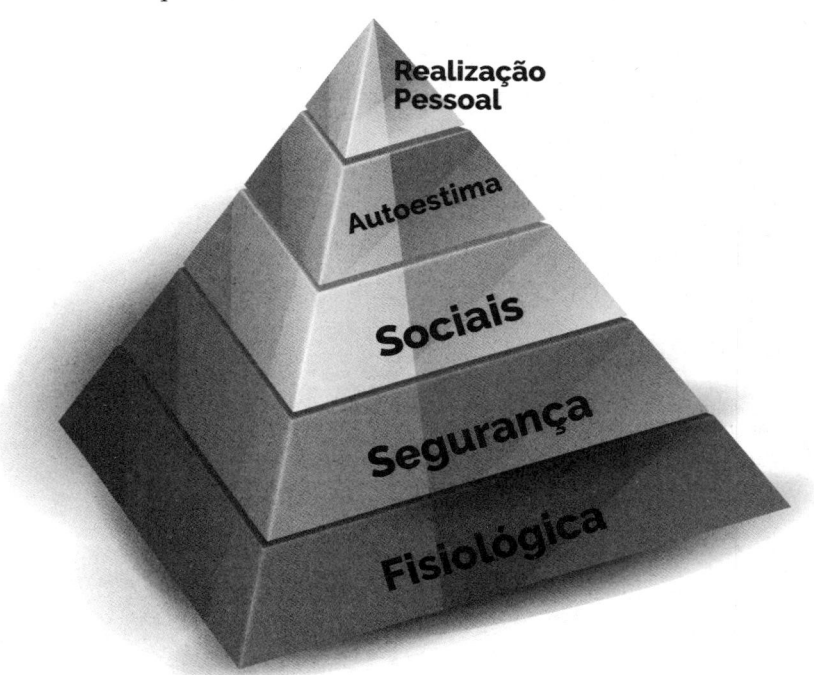

PIRÂMIDE DE MASLOW

2P - PRODUTO

No topo: a realização pessoal, em seguida autoestima, necessidades sociais (amor, família e amigos), necessidade de segurança e fisiológica. Segundo a pirâmide, as necessidades de autorrealização somente se tornam importantes quando as necessidades mais básicas são atendidas ou parcialmente atendidas. Há várias aplicações deste estudo nas empresas, desde a área de vendas até a de recursos humanos.

Isso significa que dor, desejo e dúvida são estratégias de vendas, mas não comece por um produto, você não começa a desenvolver um produto porque vai dar dinheiro. No primeiro momento que parar de dar dinheiro, você vai jogá-lo fora.

A relação é sobre benefício e valor. Nunca mostre o preço antes do valor. O valor antecede ao preço. Quem define o preço é o valor. Quando a pessoa não vê o valor, tudo é caro e caro é quando o valor não foi demonstrado. Se você ainda não criou um produto, crie agora!

São três os **tipos de produto**s: físico, digital e serviços. A oportunidade está nos três, mas vamos focar no digital e em serviços.

O segredo da prestação de serviços está em encontrar uma oportunidade e transformá-la em digital. Os melhores exemplos são Airbnb, Uber e Netflix, que se tornaram as maiores empresas do mundo em prestação de serviços. No caso da plataforma XGROW, sua criação partiu do desejo de não pagar milhões para Hotmart. Então, olhando o relatório financeiro, vi o tanto de dinheiro da comissão para Hotmart e decidi criar uma plataforma com outros programadores.

Para a programação, investi 1 milhão de reais há três anos. Com isso, mantendo o foco só com o meu produto faturei 7 milhões de reais. Eu estava certo. Quem tem uma plataforma de cursos não fatura só com a participação de ter executado e hospedado o negócio, mas obtém excelente resultado dos juros.

Se você tiver um **Infoproduto,** terá uma moeda digital, isto porque um produto digital não precisa de prateleira, precisa de um servidor. Não é necessário um espaço físico para armazenar, ele não possui data de validade e depende somente do público. Com um produto digital é possível vender um milhão de reais em um segundo, já no produto físico demoraria para alcançar esse patamar de vendas.

Ao ouvir falar de produto digital, lembre-se das iniciais **E.V.A** (Escrita, Vídeos, Áudio). Ou seja, a comunicação no meio digital inclui: blogs, videochamadas, e-mail, aplicativos de mensagens, sites. O produto digital é visto, lido e falado. Tenha um produto digital, um ebook, por exemplo, não é sobre a grana, é sobre o seu carimbo, sua marca no digital.

Entenda a força do digital. Tenha um produto digital, tenha acessos no digital e comece pelo acesso: o melhor de todos. A Uber não tem carros, mas é uma das maiores empresas de transporte do mundo; o Airbnb não tem quarto, mas tem parcerias com pessoas que possuem.

Aprenda sobre *startup*, produto pequeno, ideia pequena, teste pequeno, e acelere, deu certo o teste, escale-o. Eu faço parte de um grupo chamado Bossa Nova composto por 1.500 *startups* com 10 bilhões de reais investidos. Sou um dos maiores investidores, não entrei por conta da grana, entrei para aprender. O segredo é transformar produto físico em digital e vice-versa. É o que se chama sistema híbrido.

Pessoas que não têm medo de tomar decisão chamam muito a minha atenção. Pare de ficar preso à opinião das pessoas. Quando você criar um produto, não pense em vender o produto, observe qual benefício esse produto gera e, só assim, venda o benefício.

MONETIZAÇÃO

O processo de monetização pode ocorrer de cinco maneiras:

1 – Recorrência
Vender repetidamente, todos os meses, por assinatura.
Monetização na recorrência:
É quando um produto físico ou digital fica aberto para venda na recorrência. A pessoa compra uma vez e segue comprando sempre, inclusive através do sistema de mensalidade.

2 – Perpétuo
Sempre aberto à venda

Monetização no perpétuo:

É um método que você deixa a venda sempre disponível, o carrinho sempre está aberto. Devemos ter cuidado porque esse método desgasta a imagem, ou seja, pode torná-la menos atrativa e desinteressante.

3 – Esteira de produto

As pessoas buscam três coisas: 1 – Experiência, 2 – Energia e 3 - Método.

Esteira do produto é um processo gratuito, e o que mais você precisa gostar. É o melhor, porém a princípio as pessoas podem não nos levar a sério, mas **entregar tudo no conteúdo gratuito, chama-se semeadura.**

É uma versão pequena do todo – semeadura, plantio, miniatura, amostra grátis.

Você pode me perguntar: "Por que soltar tudo de graça?". A indústria farmacêutica dá amostra grátis para o médico e ele dá amostra grátis ao paciente e indica a farmácia onde ele vai encontrar o produto. O paciente, se precisar, vai comprar novamente aquele produto e o médico tem bonificação desse produto; a indústria mapeia todas as receitas, é o sistema de RP (Relações Públicas) que comissiona o médico.

Invista em entregar conhecimento. A sensação é essa: "O cara me dá tudo o que está falando no minicurso gratuito, imagina lá dentro do curso." É importante que você seja insistente, persistente, consistente, tenha constância em tudo. É gratificante ver as pessoas adquirindo o acesso que irá mudar a vida delas, só com a amostra grátis.

As pessoas não estão procurando conteúdo, elas procuram por experiência, energia e método.

Dê excesso de amostras, faça a pessoa se sentir andando com você. As pessoas não estão procurando conteúdo, elas procuram por experiência, energia e método.

O código para esse processo é: **eu o chamei para andar um tempo comigo, aproveite para aprender, desfrutar, pegue esse código de sabedoria e vamos juntos.**

4 – Lançamento

O pico de vendas acontece em datas específicas. O período que antecede ao lançamento de um produto é muito importante. Para monetizar, o ideal é que você esteja ao vivo por uma semana nas redes sociais, o empilhamento de pressão precisa ocorrer no final do lançamento.

Você pode utilizar a estratégia de plantar o desejo, a dúvida até achar as pessoas que querem o seu produto e uma das formas é usando o tráfego pago.

Estou desvendando os códigos do jogo, mas você só conseguirá se manter no jogo se experimentar coisas novas o tempo todo, fazer testes, conectar-se com pessoas e estudar para ter repertório. Estude, seja intencional e tenha prazer em ensinar e transbordar.

5 - Equity

É o maior sistema que eu conheço de antecipação do futuro. É o valor futuro do mercado de uma empresa. Esse é o melhor método de venda que existe na terra. Vende um negócio no futuro sacando no presente.

É sobre gestão. Sistema de antecipação do futuro. Antes do equity, as empresas eram vendidas pelo valor que elas faturavam. No equity o processo é feito através de perguntas como:

Quanto tempo esse negócio dura? Qual é a capacidade de crescimento?

Qual é o poder de escalar? Qual é o impacto na inovação?

Qual é a cabeça da gestão? Cria-se uma fórmula e deduz o valor do negócio.

O maior equity está na tecnologia.

Este processo pode mudar todo o seu estilo de vida. Equity é o direito aos lucros gerados por uma empresa. O valor futuro de mercado de uma empresa, ou seja, o saque do futuro. O que significa isso? Você pode montar uma empresa que hoje vale R$1milhão e vender por R$50 milhões, gerando valor. É o maior sistema de antecipação do futuro. No Equity existem variáveis como

2P - PRODUTO

quanto tempo esse produto dura, capacidade de crescimento, poder de escala, inovação.

Verificando isso, a sua empresa pode valer 25, 60 vezes mais. Se você entender o jogo, vai testar tudo e naquilo que você mais se encaixar vai colocar o maior foco de energia para gerar valor e antecipar o futuro.

PERSONA

Nem todo mundo quer comprar o seu produto. Encontre as pessoas que querem, use mecanismos para as pessoas certas entenderem o benefício.

Exemplo: Quando eu vendo água, eu brigo por centavos. Quando eu mostro os benefícios da água, os clientes pagam 20 reais, na água que alguém vende por 50 centavos. O valor antecede o preço. Caro é quando o valor não foi mostrado. O valor define o preço.

TAREFAS:

- Leia o livro *Armadura de Deus*, de Marcos Motta.
- Assista ao filme: *O homem que mudou o jogo*.
- Jejum: Proibido falar palavras negativas, palavrões e palavras de maldição. Alimento não é somente comida.

CAPÍTULO 3

3P
PESSOAS

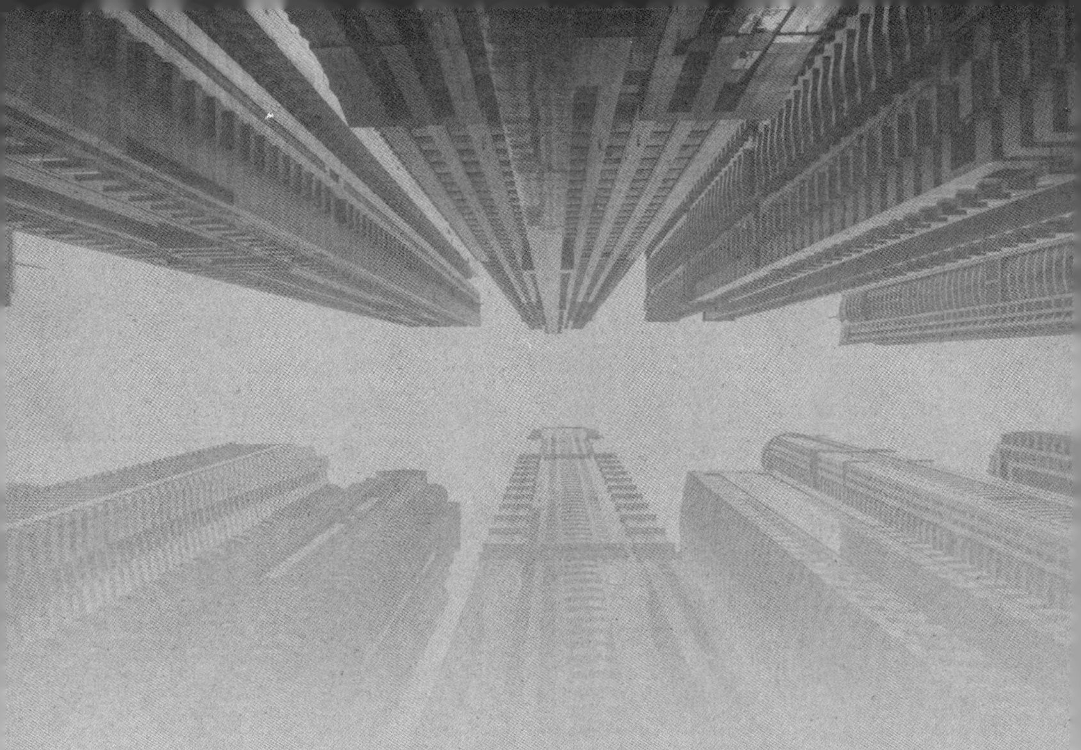

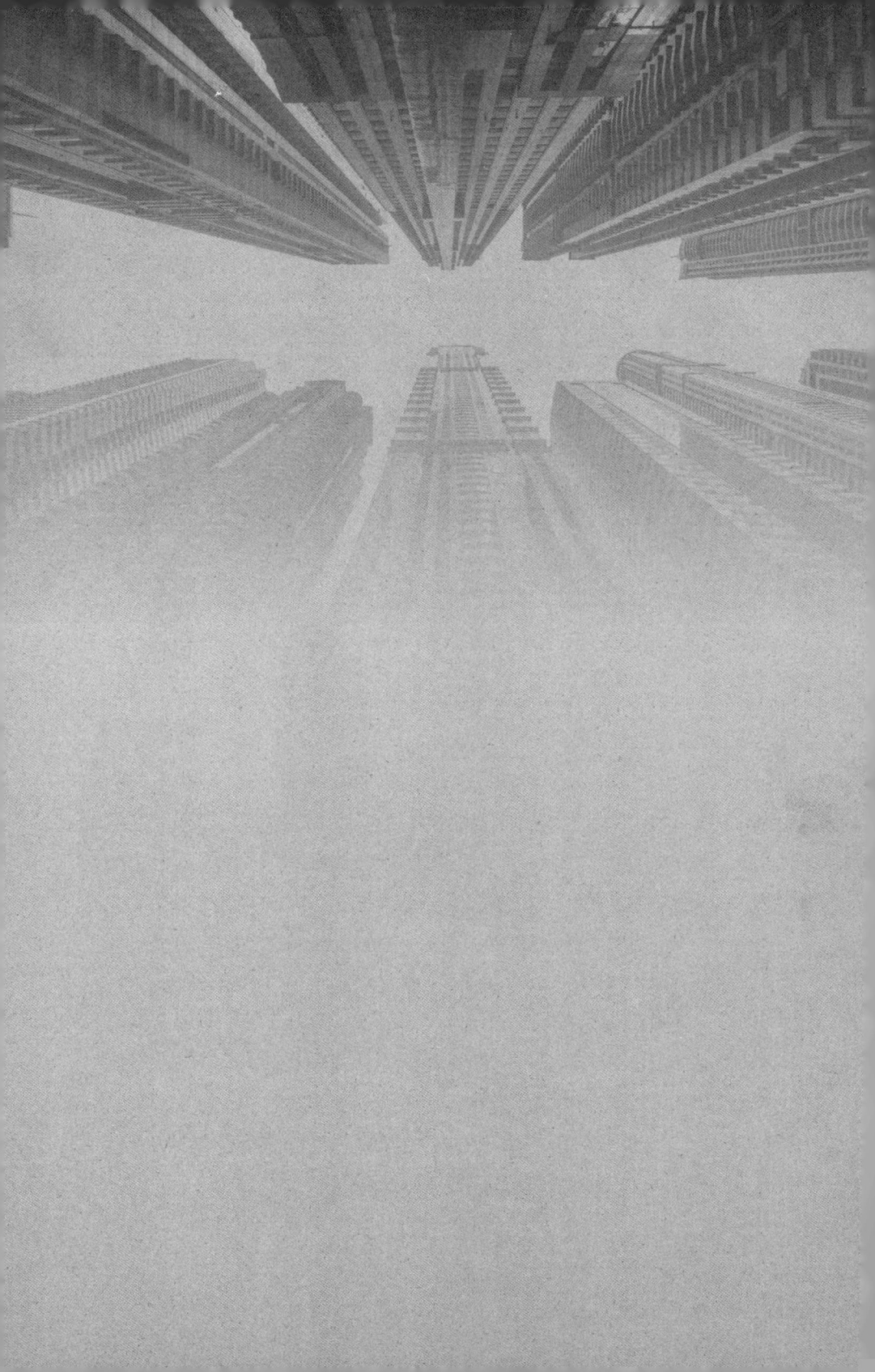

"Pessoas é o que Deus mais ama!"

O empresário que não entende de gente prospera menos. Pessoas precisam ser desenvolvidas. Se alguém anda com você, é seu funcionário por conta de salário, o jogo está errado. Se ele for trabalhar por isso, ele também vai sair por isso. O motivo que trouxe uma pessoa é o mesmo motivo que vai levá-la embora. Se ela viu oportunidade de aprender, quando ela parar de aprender, também vai embora, se ela veio pelo dinheiro, também vai embora por dinheiro.

Imagine que eu tenha muito dinheiro e gente trabalhando para mim. Se eu colocar a fé no dinheiro, ele vai treinar pessoas? A resposta é não!

OS 7Ps DA EMPRESARIZAÇÃO

Dinheiro multiplica talento humano? Não. Mas "Se eu souber usar o dinheiro?" - alguém pode perguntar. Deixe-me lhe falar: O que está por trás do dinheiro é o que interessa. Não é o dinheiro propriamente dito. O mesmo motivo que trouxe uma pessoa fará com que ela vá embora.

Há pessoas que têm muito dinheiro e não desfrutam da vida.

Imagine uma pessoa com 70 anos de idade, com patrimônio de 50 milhões de reais. Ela poderia criar um mecanismo para ter quinhentos mil por mês, sem precisar fazer nada, e usufruir do dinheiro. Aplicar tudo o que já fez.

Você foi doutrinado para se matar de trabalhar para depois comprar remédio, passar uma vida inteira destruindo o corpo e no final não conseguir desfrutar de nada. Esse é o jogo errado.

Eu sempre testo as pessoas. Testar é a chave. Toda pessoa precisa ser testada; quando fala que é 'crente', piorou, precisa ter um teste a mais, porque falou que é cristão. Ser cristão não tem vantagem comigo, se você deseja confiar numa pessoa, ponha dinheiro na mão dela e veja como ela agirá.

O jogo sobre gente chama-se teste.

Dinheiro é um potencializador de caráter. Muitas pessoas têm síndrome de porteiro, por um lado é bom, por outro, é ruim, alguns porteiros pensam ser donos do prédio e não é isso que pediram para ele, mas mesmo assim ele manda mais do que o síndico.

Procure entender sobre gente, entenda definitivamente que cada pessoa é única, cada pessoa possui um propósito, e todas estão bloqueadas. O que **você precisa ser na sua empresa é uma máquina de favorecer gente.**

Se você fala para a pessoa sobre metas e bônus, ela vai fazer o primeiro mês, segundo mês, terceiro mês, depois aquilo não vai "queimar" mais o coração por dinheiro nenhum; crie um mecanismo para que essas pessoas sintam que estão crescendo. Se algo romper dentro da cabeça delas, também romperá na atividade. Seja especialista em gente e anote duas palavras: cérebro *versus* coração.

Cérebro *versus* coração é entender o racional, entender o que a cabeça da pessoa fala e também entender o seu coração.

Gente significa mudança constante. Não é possível ficar parado. Tudo que Deus criou se movimenta. Você precisa ser especialista em gente. O que significa isso? Conquistar o coração da pessoa e fazer o cérebro dela entender. Quando o cérebro dela entende e aplica o coração, ela morre pelo propósito.

Como funciona o cérebro?

O cérebro tem um problema, ele dá sinais que antecedem ao que ele vai executar. Quando estou em uma corrida, consigo antever quando uma pessoa vai desmaiar pela forma como pisa. Vários de vocês, que não entendem do mundo espiritual, pro-

Você precisa ser na sua empresa é uma máquina de favorecer gente.

vavelmente não sabem que em geral, quando uma pessoa fica possessa, ela torce a ponta dos dedos. O corpo está antecedendo a troca de comando da mente. São vários os sinais que o corpo dá.

Cada pessoa mente de um jeito diferente. Depois que você aprende a ler as microexpressões faciais das pessoas, dificilmente você erra.

Repudie gente mentirosa. O olho dá sinais. O sinal da mentira e da invenção são visíveis. A pessoa faz uso de um processo criativo para se safar, mentindo programadamente ou colocando algo para se defender. Eu sugiro que você leia o livro *O corpo fala*, de Pierre Weil. Se quiser entender sobre gente, você deve entender sobre cérebro.

O que move uma companhia são pessoas. Não é contrato, não é junta comercial, não é logomarca, não é a história da empresa. Qual é o grande desafio do empresário?

Pessoas elevam o padrão da companhia, pessoas quebram companhias.

Não é ter muitos ou poucos clientes que quebra uma empresa.

Não é prejuízo que quebra uma empresa, é gente! Você pode estar pensando! Não! É falta de dinheiro no caixa.

As pessoas não foram disruptivas para gerar caixa, colocar dinheiro no caixa, então é gente.

Vou explicar: Se você tem gente eficiente, a sua empresa é completamente diferente. Se você não tem gente eficiente, você tem que pagar o preço, pois ineficiência é uma característica de pessoas que não foram treinadas. Eficiência é fazer mais com menos.

Lembre-se disso, você precisa treinar pessoas, ninguém nasce eficiente, algumas vezes, pode andar um caminho mais longo, porém chegará mais rápido.

Por exemplo, existem dois caminhos da minha casa até a minha empresa, a Plataforma Internacional. Um caminho leva 5min40s e outro leva 6min20s. Qual caminho você acha que eu pego?

O de 6min20s, porque o caminho mais arborizado, não paro em nenhum sinaleiro de trânsito, é uma reta grande, o fluxo acontece e eu consigo pensar muitas coisas enquanto dirijo, esse é o meu modelo mental que me torna mais eficiente, produzo mais e tenho mais retorno.

Entenda que eu não sou mais eficiente gastando quase um minuto a mais, mas escolho gastar um minuto a mais, porque chegar mais rápido me faz pegar quatro sinaleiros e não desfrutar das lindas árvores pelo caminho.

Seja eficiente pegando um caminho mais longo, mas não pare no caminho. Eficiência não é chegar mais rápido, eficiência é produzir mais e ter mais retorno. Ser eficiente é fazer coisas que irritam um monte de gente. É fazer mais com menos. Isso é eficiência.

É nítida a diferença entre uma pessoa que foi treinada e outra que não foi, esse é um dos motivos por que eu gosto de ensinar. Veja um exemplo. Em uma viagem eu estava observando algumas pessoas do nosso ecossistema treinando esquiar na neve. Uma delas estava descendo bem devagarinho e eu cheguei até ela e comecei a orientá-la com um método.

Falei para ela: Nós vamos subir duas vezes e você vai aprender a esquiar. Fui ao lado dela orientando-a com várias instruções: "Pensa isso e aperta o calcanhar"; "Pensa isso e faz isso"; "Eu vou contar até três e você freia com raiva". Fui criando histórias para o cérebro dela entender e desfrutar do processo de aprendizado. Sabe qual distância ela estava do aprendizado? Apenas a alguns minutos!

A maioria das pessoas que vão esquiar odeiam aprender a esquiar por causa dos tombos, falta de instrução, e falta de aprendizado. Existe um código sobre gente que se chama **Curva de Aprendizado.** Você como líder de negócio precisa diminuir a curva de aprendizado dos seus liderados. Se você entender e aplicar isso, a sua empresa vai explodir com gente.

A curva normal para alguém aprender algo novo é três meses de adaptação e aprendizado. Para ajudar a pessoa a aprender mais rápido, é só gerar mais experiências. Como gerar experiências? Através de histórias! Tem que viver as histórias.

O meu verdadeiro descanso é aprender. Descanso no hebraico é o desfrute, e eu desfruto aprendendo, pois quanto mais eu aprendo, mais eu governo. O que você tem que entender com esse P de pessoas? Pessoas erradas quebram negócios, pessoas certas e treinadas fazem o negócio crescer de forma exponencial.

3P - PESSOAS

Você quer ter um negócio exponencial? Você tem que pagar o preço mais caro que eu já vi: Fazer o colaborador ter a cabeça exponencial.

Aqui vai uma alerta: Todas as pessoas que você ativar a exponencialidade vão embora. Não tem como elas ficarem. E você me diz: Não! Temos que ficar muito tempo com um talento! Deixe-me explicar muito bem, para você nunca mais cometer esse erro.

Deus cria uma pessoa para explodir, se você quer ficar com uma bomba dentro de casa, isso vai acabar com você, pois você não vai cumprir o propósito da bomba. A pessoa, quando chega despreparada, ela é só uma pólvora, quando você arma a bomba, se você não a soltar, ela vai explodir na sua cara.

Você é um armeiro de bombas. Deus coloca pessoas na sua vida não é para você ganhar dinheiro, é para você treiná-las. Enquanto você treina, você dá o que ela precisa e ela entrega o que você quer. Toda riqueza que tem no universo vem de um ato de exploração. Entenda essa palavra, não de forma pejorativa. Exploração de tempo, de minério, de energia, exploração de recursos. Só que, em toda exploração, você precisa beneficiar o explorado.

Qual o problema de não entender isso? Você quer explorar 180 horas de uma pessoa, como na mineração, e você quer dar só um salário em troca? Vai chegar uma hora que ela vai entender que não faz mais sentido continuar na situação.

Vou explicar, novamente, usando a mineração. Vou falar da mineração no Brasil, pois é algo de que eu entendo. Imagine que você é dono de uma fazenda. Mas você não é dono do espaço aéreo,

Contratar as pessoas erradas, que não estão alinhadas ao seu propósito, quebram negócios.

você não é dono do subsolo, pois esses espaços pertencem à União, ou seja, ao pacto federativo dos estados e municípios. Você sabia?

Agora imagine que uma pessoa registra uma pesquisa que, ao ser aprovada, dá a essa pessoa o direito de explorar o minério. Mas, para explorar o minério, ela precisa pisar no solo da sua fazenda, portanto, ela tem que pagar *royalty* para você, que é o dono do solo. Então o explorador fará um acordo com você, pagando o aluguel e os *royalties*. Ou seja, a pessoa vai explorar, vai tirar a riqueza do subsolo, portanto o dono do solo precisa ser beneficiado. Ele tem o direito, mas para exercer esse direito ele precisa fazer um acordo com o dono do solo.

Deus fez as pessoas para explodirem, se você quer ficar com bomba dentro de casa, isso pode acabar com você, pois não vai cumprir o propósito. **Contratar as pessoas erradas, que não estão alinhadas ao seu propósito, quebram negócios.** Pessoas alinhadas, pessoas treinadas fazem o negócio crescer exponencialmente.

Eu já falei sobre isso, mas preciso repetir para você anotar esse código assombroso: **é melhor ficar com um colaborador durante dois anos em alta performance, que oferecerá 90% em pico de entrega absoluta, do que permanecer**

com pessoas em ambientes onde não são desenvolvidas.

Quando o colaborador entende esse mecanismo, aprende e é beneficiado, mas esse gatilho só é acionado com a percepção dele de estar em um ambiente de crescimento. O maior segredo sobre gente é fazer a pessoa sentir que de fato está alcançando microrresultados, que está crescendo e servindo; ao ter essa percepção de crescimento, vai querer se desenvolver cada vez mais.

Deus quer que você treine pessoas. Ele não se importa se você ficou mais rico porque treinou pessoas, o que importa é que você faça aquilo que Ele mandou. Um rio flui e cai em outros rios, ele nunca volta naquela mesma fonte, o rio nunca dá ré. Diga: **Eu amo gente!** Você nunca tem problemas com gente, você tem problemas com cérebro. Aprenda sobre comportamento e tenha mais paciência com as pessoas.

Quando você virar doutor em cérebro, vai virar doutor em coração. Conquiste o coração das pessoas e não o seu cérebro, se você casa com uma pessoa pelo dinheiro que ela tem, você casou somente com o cérebro. Não case por racionalidade, porque é por esse mesmo motivo que você vai se separar. O casamento precisa ser com o coração, a pessoa comete um erro e o coração diz: " Eu o perdoo". O coração é a raiz da vida.

Esteja feliz todos os dias para não sugar a energia das pessoas que estão à sua volta. Observe o tônus vital que é a energia humana, é a forma que a energia é expressa pelo lado de fora. Então se você vê uma lâmpada meia fase, ela entregará pouca energia; o ser humano é exatamente assim, se estiver com meia fase, está fraco.

É fácil detectar uma lâmpada que está com meia fase. As pessoas também são assim, tem gente que está no 110v, tem gente que está no 220v, e tem gente que está no trifásico, com muita energia.

Se você dominar gente, você vai mudar tudo. Gente é o maior recurso que uma companhia tem. Não é o dinheiro, não é a carteira de clientes. Qual o grande desafio hoje do empreendedor? É ter paciência, treinar pessoas para que prosperem e continuar renovando o quadro.

Pessoas precisam ser mandadas embora constantemente da empresa. Algumas empresas ficam por um ano inteiro sem mandar pessoas embora. Se o colaborador está crescendo, cumprindo o propósito, está avançando como pessoa, ele precisa continuar, mas algumas pessoas precisam ser desconectadas por dois motivos: para a empresa decolar e para a pessoa seguir e prosperar em outro lugar. Algumas pessoas não prosperarão dentro da sua empresa.

Existem dois tipos de demissões: a ativa e a passiva. A primeira é quando o empresário demite um colaborador; já a demissão passiva ocorre quando o colaborador pede seu desligamento da empresa, independentemente do motivo. Minha orientação é que você trabalhe para ter demissões passivas em alta, porque, quando você precisa demitir, significa que errou na contratação.

Você precisa recrutar, selecionar e treinar. Como você contrata? Nunca olhe para a beleza nem para a capacidade cognitiva, A primeira coisa que deve ser olhada é o propósito. Tem que perguntar qual é o propósito da pessoa a ser contratada. Em minha empresa não pegamos currículos, procuramos saber qual o propósito de vida da pessoa que se candidata a uma função.

O que a pessoa lhe dá em troca se você investir nela? Ela lhe dá tudo.

Turnover:

É um conceito empresarial que se refere à rotatividade de colaboradores. Essa rotatividade gira em torno de 67% em uma estatística mundial. Por que é tão alto esse índice? Diz respeito ao comportamento.

O foco precisa ser: Recrutar/Selecionar/Treinar. Você precisa entender o jogo. Entender se o colaborador está se esforçando, crescendo e deseja subir novos níveis. Se você é governalista, quer que a pessoa não permaneça na sua empresa, mas que ela saia com sabedoria para prosperar em outra companhia ou na própria empresa dela. A recompensa é a pessoa crescer ao ponto de não querer trabalhar mais na sua empresa.

O governalista quer que a pessoa voe e transborde na vida de outras pessoas. O capitalista deseja que a pessoa permaneça na sua empresa. Onde está o código? **O que a pessoa lhe dá em troca se você investir nela? Ela lhe dá tudo.**

Se o seu colaborador entender que você o impulsiona para o seu desenvolvimento, irá falar para você: "Então, toma o meu tudo". A sua empresa vai decolar. Ele não veste a camisa como uma tatuagem no corpo, ou o nome da marca, ele mergulha com você e sobe junto.

Essa pessoa está tomando posse dos códigos e prosperando e decide sair mais rápido. Esse é o grande lance. Lembre-se: você é o treinador e está investindo para o seu colaborador se tornar um treinador.

Se você aprende a recrutar, você recruta com quem você quer andar, quem quer aprender com você, e você recruta até os seus mentores.

Não fui eu que o recrutei, foi você quem me recrutou, você recruta os seus professores, os seus mentores. O recrutamento é uma das coisas mais poderosas na vida.

Eu não pego os melhores colaboradores, absurdamente poderosos, formados, eu gosto de pegar gente fraca, porque **o resultado de um fraco avançado é muito maior que uma pessoa que acha que sabe tudo.** E o resultado dele faz com que qualquer outro fraco prospere. Aposte nos fracos.

Jesus, quando foi recrutar os seus discípulos, não olhou para a capacidade deles, Ele identificou o coração das pessoas que estava alinhado com o dEle. Ele foi atrás de gente que vibrava na mesma frequência que o coração dEle. Isso muda o cenário.

Jesus pediu ao jovem rico para ser simples, não para ficar pobre. Jesus perguntou a ele sobre o cumprimento dos dez mandamentos, e ele disse que seguia, mas no momento que pediu para dar toda sua riqueza para os pobres, o jovem rico não admitiu. Ele podia ter dito ao Senhor: "Essa riqueza não é minha, é sua". Mas não o fez. Com essa resposta, Deus falaria: "Fechou, cola aqui", e o jovem continuaria rico, prosperando e conhecendo a Palavra de Deus. É isso que entendemos.

O jovem seria um discípulo de Jesus, saberíamos o seu nome. Mas não aconteceu porque a base em que ele foi treinado era dinheiro e, quando você mexe com pessoas que são focadas no dinheiro, elas vão querer enlouquecê-lo, vão querer desconstruir a sua base.

Todo mundo que só pensa em dinheiro, todo mundo que é dinheirista vai dizer: "Por que trabalhar no desenvolvimento pessoal e profissional dos seus colaboradores? Propósito não paga conta". Eu já respondi a esse questionamento: "Paga, sim. Deus, quando chama alguém, Ele fala qual é o seu propósito e não tem problema nenhum você monetizar com isso. O problema de quem não anda no propósito é trabalhar naquilo que não gosta".

O resultado de um fraco avançado é muito maior que uma pessoa que acha que sabe tudo.

O problema não está em você, está nas pessoas que não fazem o que elas deveriam fazer.

Deus mandou fazer, você pode fazer o que quiser naquilo que é o seu propósito e não há problema nenhum em monetizar. Lembre-se de desfrutar e transbordar esse recurso. Se fizer isso, estará na rota certa e Deus vai abençoá-lo.

As pessoas precisam de atenção, são carentes, são uma máquina de solicitar atenção. Se você não der o que lhe pedem, vai arrumar um inimigo. Pegue o código: quando você crescer, terá vários *haters*, e, mesmo assim, não pare de crescer, tenha 100 mil *haters*. Muitas pessoas criticarão o seu comportamento, o seu discurso, elas vão xingá-lo porque você não lhes dá atenção. Mas preste atenção: **o problema não está em você, está nas pessoas que não fazem o que elas deveriam fazer.** Elas só querem ser notadas!

Sugiro que você crie um calendário de treinamentos com as pessoas que estão com você. Ensine o que você tem aprendido, dê palestras gratuitas e invista em pessoas.

Ensine o seu colaborador, ensine finanças pessoais para ele, ensine-o a lidar com o dinheiro. Se você cuida das suas coisas, vai saber cuidar das coisas dos outros. Por que nas minhas empresas as pessoas não pedem adiantamento de salário? Porque as pessoas aprendem a cuidar do dinheiro delas. Não dê adiantamentos, não faça isso na sua empresa. Vai por mim, Isso é um método e funciona.

Ensine as pessoas a terem mente de donos de negócios, elas farão o intraempreendedorismo, que é criar o negócio delas dentro do seu e assim entenderão o peso que é ter um negócio.

Tenha sempre processo seletivo aberto na empresa, entreviste gente constantemente. Pode ser que em uma dessas entrevistas encontre alguém que pode mudar o jogo em seu time.

As pessoas precisam entender que elas devem ser autolideráveis. **Ensine as pessoas a terem mente de donos de negócios, elas farão o intraempreendedorismo, que é criar o negócio delas dentro do seu e assim entenderão o peso que é ter um negócio.** Elas vão lhe dar mais resultados em curto espaço de tempo. Prefira o resultado de 10 anos em 1 e jogue limpo.

Qual é o princípio do jogo que você não pode quebrar? Seja claro com o funcionamento do jogo, permita que as pessoas saibam como você joga. Faça o jogo de treinar e crescer. Não faça o jogo de engorda. Empresas que pagam ótimos salários param de crescer. O salário bom é confinamento. Um colaborador com um salário muito bom pode ficar tranquilo e não vai querer empreender, vai fazer de tudo para ter estabilidade dentro do seu próprio negócio e o seu negócio vai declinar.

Eu lhe falo: estimular o crescimento de uma pessoa vale 100 vezes mais do que um bom salário. Não é sobre pagar péssimos salários, é sobre ativar pessoas.

O que você faz para atrair talentos? Tenha a filosofia da empresa com base no propósito, e não em salário. Recrute gente que queira crescer alinhada à sua visão. Ensine as pessoas a fazerem além da obrigação, desenvolva os talentos! Se você entendeu que ainda não desenvolveu talento, chegue mais cedo e saia depois,

O código para amar pessoas é amar a si mesmo e ao seu próximo como você se ama. mas não deixe de fazer, não há ninguém que não dê conta de fazer coisas que se comprometeu a fazer.

Entenda, as pessoas não querem romper limites, o cérebro é muito acomodado, não deixe isso acontecer, não escute o cérebro. Vá rompendo limites, transforme isso no que mais você gosta de fazer.

Quando uma pessoa se sente amada, ela dá mais resultado. Às vezes sou muito durão, mas pego algumas pessoas, abraço e falo: **"Você tem que saber que é amado"**.

Algumas pessoas dizem que nunca ouviram isso do seu próprio pai. **O código para amar pessoas é amar a si mesmo e ao seu próximo como você se ama.**

Outra coisa na vida das pessoas que contribui para o crescimento é ensiná-las a terem acesso como aprendizado. No futuro, essas pessoas terão um nível de gratidão e entregarão o resultado que nem sabiam que davam conta. Acesso muda tudo: há quem trabalhe comigo só para ter acesso.

As pessoas poderosas cuidam de gente e será o seu *lifestyle*, a pessoa mais importante que tem na Terra se chama "você mesmo". Você precisa destravar e gostar de gente. E, para isso, precisa se amar; quando você se ama poderosamente, você atrairá pessoas.

O grande lance de ser conhecido como uma pessoa que ama é ser uma pessoa que todos querem ficar perto. No ano de 2022, eu fiquei 10 meses na política, o Senhor me deu clareza sobre a esfera da política e eu compartilhei isso com as pessoas, mas para muitas, essa atitude fez com que eu perdesse o brilho, isso porque elas não entenderam o propósito. Neste período eu me conectei com muitas pessoas, conheci muita gente, abracei um povo, foi muito bom.

Coloque em prática aquilo que você aprendeu. Faça *lives*, transborde tudo o que você aprendeu, passe um vídeo de 15 minutos nas suas redes sociais, faça vídeos com os seus colaboradores, treine-os para que eles desenvolvam os seus próprios conteúdos.

Empresa é armamento para cumprir propósito.

3P - PESSOAS

Tarefas:

Crie um calendário de treinamento com os seus colaboradores. Você precisa treiná-los. Ensine-os a dar palestras e que reproduzam esse aprendizado oferecendo palestras de graça.

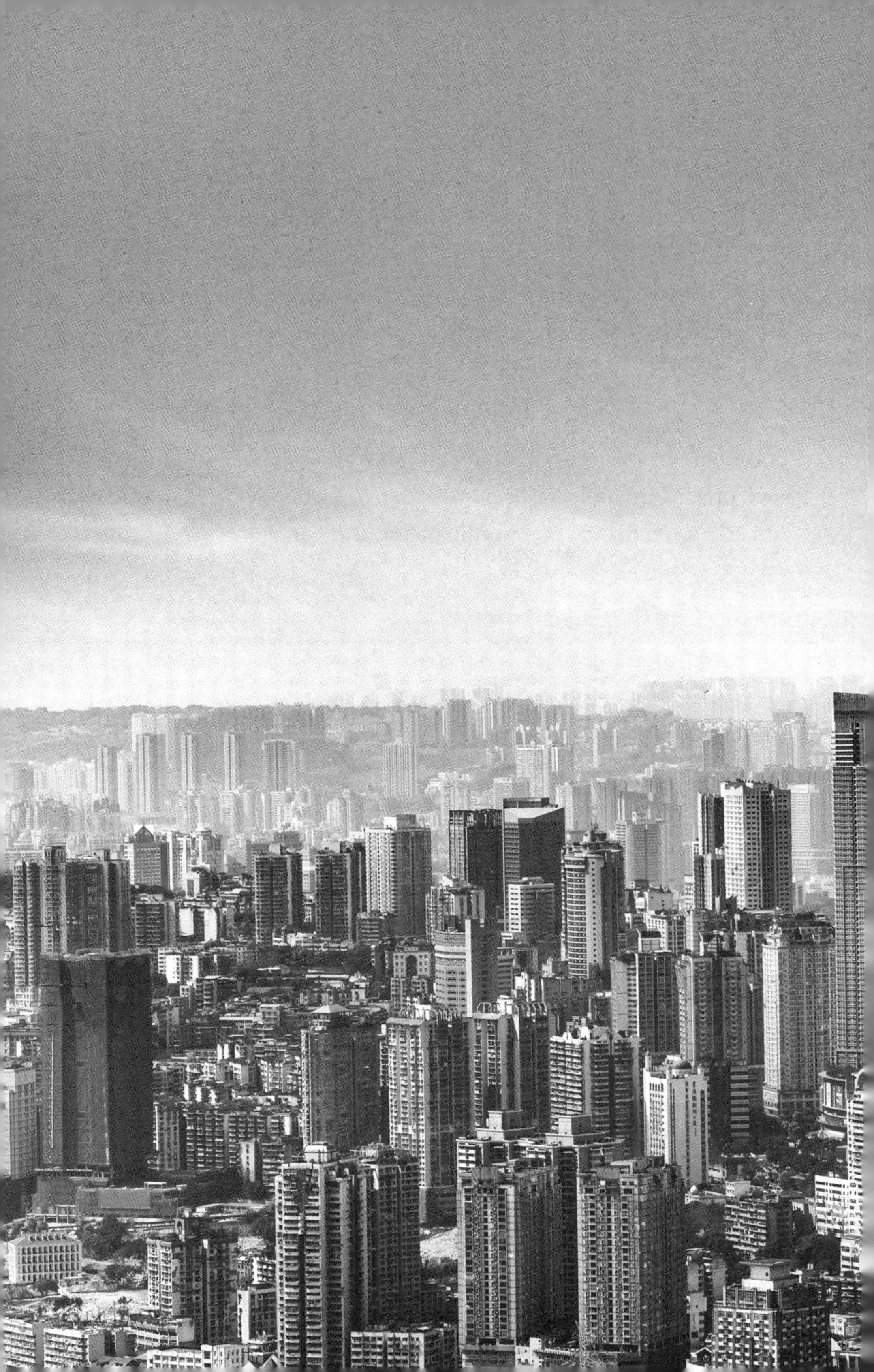

CAPÍTULO 4

4P
PROCESSOS

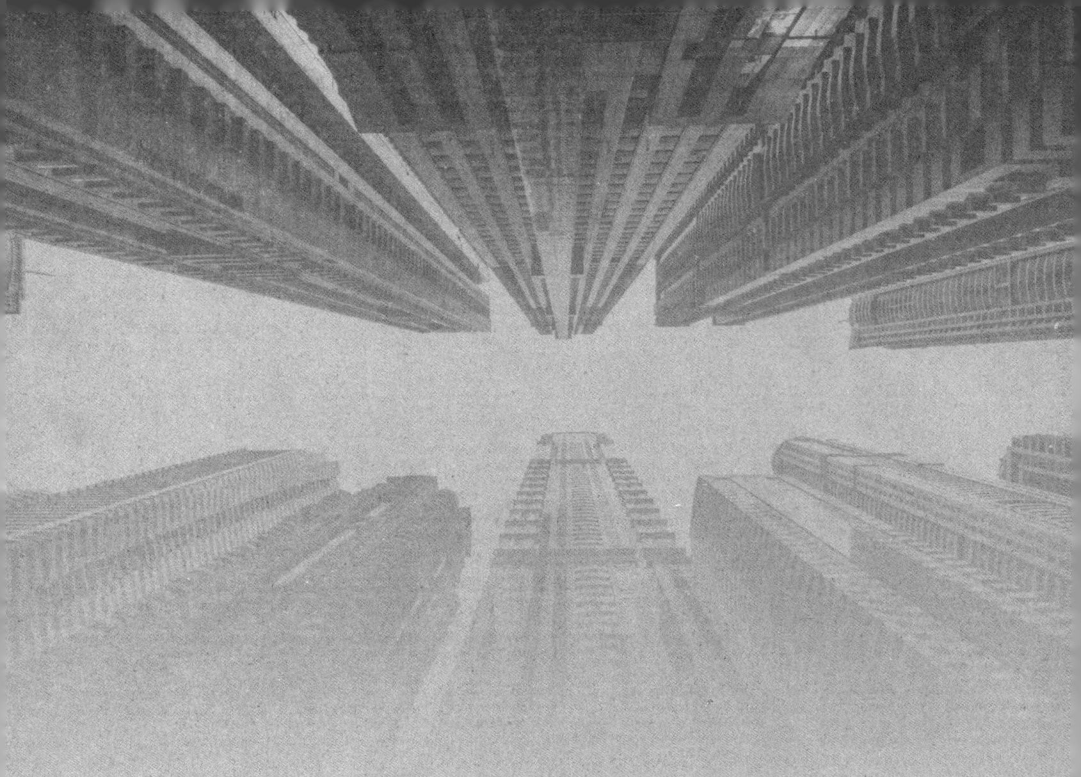

Já empresarizou a sua mente para empresarizar?

Para dar desenvolvimento aos processos, é necessário aumentar o nosso repertório. Novos resultados você obterá, canalizando o repertório, irá ajudá-lo na metodologia do processo. Imagine-se com uma caixa de ferramentas pronta para otimizar a sua empresa.

O que é Processo?

Processo é o mapa completo do ponto A até o ponto B. Ele se conecta automaticamente à eficiência. Você deseja ser eficiente? Então, crie Processos.

Posso falar uma coisa para você, o que eu mais amo numa pessoa é a eficiência. Se você quer ver o brilho nos meus olhos com algum comportamento, seja eficiente.

Processos fazem a engrenagem funcionar.

Para ser eficiente, o primeiro passo é aceitar quem você é e assim eliminar as crenças limitantes. A minha cabeça funciona assim, eu faço perguntas, estudo, pesquiso. Há um americano Henry Ford, que revolucionou a indústria e criou um método de distribuição de produtos, eu não sei se você sabe, mas de 3% a 5% dos americanos já trabalharam ou trabalham no Walmart. Isso significa um impacto gigantesco de logística do país, essas pessoas aprendem a trabalhar com processos, muita gente entende de logística porque trabalhou no Walmart. **Processos fazem a engrenagem funcionar.**

Eu gosto de criar processos para tudo, pois tudo precisa de um processo. Por exemplo: quando eu não tinha processo sobre pagamento, todos os dias eu tinha que pagar alguma coisa, o que se tornava um complicador para mim; hoje programo os pagamentos para 15 em 15 dias. Uma pessoa lança, outra confere e outra é responsável em empregar para você. Mas como funciona? Uma semana tem pagamento, na outra não tem pagamento. Tenha prazer em fazer essas tarefas. Isso vira um processo. Se você quer ser eficiente, crie processos.

A palavra processo rapidamente conecta a outra palavra chamada eficiência. O processo é o mapa completo de A até B, até C, até D, mas de forma resumida de A até B. Quando você entende o mapa nesta extensão, você entende o que tem de ganho, alinhado ao propósito.

Tenha processos para saber o que está fora de lugar, faça isso umas três vezes por ano. Faça o processo de trancar o caixa, mesmo que a empresa seja muito rica e tenha muito dinheiro. Tranque o caixa de tal dia até tal dia. Em janeiro tranca e abre em março, significa que todos os seus projetos devem ser apresentados. Por que eu faço isso? Vou lhe falar: quando tranco o caixa, descubro as bagunças, começam aparecer coisas aleatórias.

As pessoas deverão apresentar os seus projetos com antecedência e ficam doidos ao serem solicitados. O caixa fica trancado por 60 dias e aparecem coisas que estavam pendentes.

Assim, você identifica os 'bagunceiros'. Numa máquina que gasta milhões e não tem processos, fica difícil perceber essas situações. Mas com o caixa trancado você percebe quem é o bagunceiro, o que acontece no caixa, quem antecipa, quem se mantém firme com os projetos. Há quem me diga: "É muito ruim isso que você faz, é escassez!", todavia estou convicto de que não é isso! Estou antecipando o futuro, eu fico mais eficiente com o controle dos gastos. Custos dão retorno. O custo devolve, a despesa incinera dinheiro. O que eu faço na vida pessoal com referência a custos? Sempre aumento. Nas empresas? Aumento. O custo deve aumentar tanto na empresa, quanto na sua vida pessoal, porque significa que você está prosperando.

Pode gastar o dinheiro, traz o projeto, eu aprovo, não tem problema. Por que fica trancado? Exatamente por haver o processo no qual eu passo um pente fino em tudo! Seja dinâmico, esteja sempre pronto para renovar. Você vai gastar menos e terá mais resultados. Por exemplo, dá para você criar um processo na sua empresa de não imprimir mais papel. Como? Faça as suas comunicações por whatsapp, sms, por e-mail. Posso avisar os colaboradores por telefone, gravando um áudio. Então, eliminar o papel seria a criação de um processo.

Eu sugiro que você crie um mapa mental. O mapa mental tem um núcleo, os canais ou os braços e ali você destaca os processos. Gosto muito do mapa mental no formato radial, é igual ao relógio, e é um modelo de mapa que posso trabalhar um assunto para a direita, ou determinar aquele assunto para a esquerda e assim, verificar todos os processos do mapa.

Todo mundo precisa conhecer os processos da empresa, toda empresa deveria ter o processo de treinamento de uma semana antes de contratar uma pessoa. Quando fui diretor de vendas, algumas vendedoras na loja de roupas em que eu trabalhava sempre falavam: "Essa roupa é feia". Um dia eu perguntei: "Vocês já fizeram roupa?". Diante da resposta parei todo mundo e falei: "Vamos conhecer todo o processo".

Levei as vendedoras ao estoque de tecidos, no setor de aviamentos, depois nos reunimos com a estilista e disse: "Vocês vão fazer a peça, é o croqui. Vocês desenharão a peça no sistema, escolherão o tecido e colocarão esse molde em cima e vão cortar com a tesoura; depois, vamos colocar os aviamentos, depois vamos para a sala de facção (aplicação de bordados, apliques etc) e costu-

4P - PROCESSOS

ra. Depois, seguiremos para a lavanderia, faremos a embalagem e colocaremos no estoque".

Esse processo foi muito instrutivo, todos os vendedores pararam de reclamar, pois viram o trabalho que dá fazer uma peça e o tempo que leva, das 6h da manhã às 7h da noite. É claro que nesse mesmo tempo a gente maximiza fazendo 400 peças ou até 4.000 peças ao mesmo tempo, depende dos colaboradores e da capacidade da lavanderia. Mas o processo quando está bem definido é multiplicado.

Para ter processos, é necessário ter procedimento, o procedimento é a escrita da etapa. Naquela empresa tem um programa que faz o molde, ele desenha a peça. Imagina uma mesa de corte de 3m por 6m e que roda tecido várias vezes. São 50 camadas e uma folha por cima em que é feito o corte das peças, de um lado saem as mangas e do outro lado as frentes, e ainda os bolsos. Nessa etapa o *design* tem a função de fazer o encaixe para aumentar o aproveitamento do tecido. No procedimento essa etapa não estava registrada, então mostrando todo o procedimento às vendedoras, anotei, para que o processo ficasse evidente com todas as etapas.

Lembro que o aproveitamento de tecido era de 78, 79%. E isso significa que se eu sou empresário e compro R$1milhão em tecido e o aproveitamento é de 78% estou aproveitando R$780.000, enquanto R$220.000 está saindo para o lixo, ou seja, 22% não está sendo aproveitado.

Quando aprendi sobre procedimento, fiquei de olho e comecei a fazer perguntas. "Por que você mexe em determinada peça e leva meia hora e nas outras 5 minutos?". A moça que ficava mexendo nesse programa, no sistema dos moldes, respondeu: "Porque quanto mais tempo deixar o computador pensando, é melhor para encaixar o molde. O aproveitamento passou a ser em média de 86%, depois desta simples observação.

Eu perguntava para o estilista, que vinha com uma roupa linda, maravilhosa: "Qual o aproveitamento?", ele respondia que era de 68% de aproveitamento. Eu falava: "Você está doido?". Se não houver processos bem claros, você vai queimar dinheiro.

Continuei perguntando e descobri uma forma de minimizar o prejuízo. Se não houver procedimentos, você estará queimando dinheiro. As pessoas que trabalham diretamente com a função de reproduzir uma peça, por exemplo, vão decidir do jeito delas, sem pensar no investimento, e no lucro e ainda mais, no prejuízo daquela decisão. Por isso, é necessário procedimentos bem claros com todo o passo a passo. Pense em um milhão de empresas que não sabem o que fazer com o retalho? Procurei uma forma de diminuir o impacto, pesei o lixo e consegui uma forma de vender os retalhos, e outra parte de doar, ou seja, estava beneficiando tudo e fazendo com que os procedimentos fossem cumpridos.

Se você quiser criar um processo de entrega de um serviço, de apresentação de vendas e respostas emergenciais, fornecimento de informação, de criação de produtos, estabeleça etapas dentro da sua empresa.

Lá na empresa tem um *call center*, não havia divisórias na sua sala de trabalho, sugeri que mudasse esse contexto, instalando a divisória. Por que? Não é para a pessoa ficar isolada, é para que ela tenha maior desenvolvimento e foco, isso é um procedimento.

Outro exemplo, sugeri que todos os colaboradores trouxessem brinquedos de infância, aqueles que eles mais gostavam. Eles começaram trazer. Por que isso? Para os colaboradores se divertirem no ambiente de trabalho, é um procedimento.

Uma situação bem interessante. Ensinei as pessoas na empresa a fazerem perguntas, para otimizar o tempo. Orientei que registrassem todos os procedimentos a resolver e os solucionados. Para quê? Para manter um padrão, ninguém acima, nem abaixo da linha padrão; tudo funcionando, sendo resolvido, resolvido.

Desenhe um mapa da empresa com todos os departamentos para ser mais eficiente, para ter mais entrega e mais retorno. Desta forma, a empresa crescerá exponencialmente. Tire do papel e coloque em prática toda a logística e criação de processos. Escreva todos os processos e atualize-os. Revise sempre o processo para torná-lo cada vez mais eficiente.

O processo deverá diminuir energia para que gaste menos. Abrir procedimento que só burocratiza não é bem-vindo. O procedimento só existe para tornar uma empresa mais eficiente. Crie processo com mapa mental, ele tem um núcleo e depois disso crie os braços e os canais. Mapa mental é uma excelente ferramenta.

PRODUTIVIDADE

Nas empresas, o primeiro passo do que deverá ser feito é disponibilizar a tecnologia, em segundo, fazer anúncio; em terceiro manter a base de clientes e criar etapas de procedimentos. Para cada uma delas, descreva um procedimento. Dentro das etapas, há subetapas, quanto melhor descritas, maior eficiência. Não crie centenas de documentos, crie passo 1, passo 2, passo 3, para que as pessoas entendam e façam. Depois dessa etapa, vá para o melhoramento do processo. "Pablo, quem trabalha nessa etapa?" Pode ser o RH, ou se houver o departamento de processos, esse setor.

Quando há procedimentos e processos claros, você cria um padrão. Um vendedor mostra se é apenas vendedor ou se é alguém que deseja continuar um relacionamento pela forma como age no final da venda. Você precisa se importar mais com o cliente no final da venda do que antes de fechar a venda. O seu vendedor precisa dizer: "Obrigado" e levar o cliente até a porta, se ele estiver de carro, leve-o até lá. Então, no procedimento deve constar estas etapas com detalhes: deve ser usado "por favor" ou "por gentileza"? O nosso padrão, é "por favor." Na linha padrão, o que está abaixo? Não falar nada, não cumprimentar, não agradecer. A linha padrão é o mínimo que se espera dentro daquele procedimento.

O procedimento e o processo precisam ser mutáveis. Essa etapa acontece depois de já haver treinamento. Como eu vou treinar a minha equipe? Por meio dos procedimentos. Os processos e os procedimentos serão avaliados e atualizados conforme a otimização se apresentar, e nesse sentido, ficará mais eficiente. Novamente as perguntas: Como você faz? Por que você faz? Responda estas perguntas sobre o desenvolvimento do seu negócio. Aqui você entenderá de forma clara o seu propósito.

O processo é um *storyboard* que, se bem utilizado, diminui a energia concentrada erradamente para tornar mais eficiente toda a logística, gastando menos. Há coisas que você faz e não precisava fazer. Se você tiver uma empresa que está numa bagunça, contrate um consultor, de preferência um especializado na área em que você está e que já foi a 10 empresas, alguém com esse perfil identificará o que acontece em sua empresa.

Ganhei repertório forte como consultor de empresas, dei consultoria para 54 empresas, na maioria, indústrias. Eu chegava, organizava e seguia para a próxima empresa. Como foi bom dar pitaco nas empresas dos outros! A minha experiência começou com 11 anos, era uma empresa hospitalar da minha mãe e do meu padrasto. Eu fazia a licitação, organizava tudo. Depois trabalhei numa empresa, com a sonorização.

OS 7Ps DA EMPRESARIZAÇÃO

Depois, trabalhei na Brasil Telecom, uma empresa multibilionária, em 33 áreas, liderando mais de cinco mil pessoas, foi a abertura da minha cabeça. Depois fui para a empresa do meu sogro. Um tempo depois, fui prestar mais consultorias para outras empresas, foram 13 anos trabalhando para o sucesso de outras pessoas. Então, eu decidi, agora, vou ter a minha própria empresa!

A minha bagagem, onde eu mais aprendi, foi dando consultoria para empresas multibilionárias, bilionárias, empresas grandes, empresas médias, tudo isso mexeu muito comigo e me ajudou. O meu repertório de empresarização é um pouco pesado.

Você me pergunta: "Onde você mais aprendeu?" Onde eu mais aprendi foi dando consultoria, mas dei consultoria porque passei por uma empresa pequena, depois fui para uma média e depois para uma grande até chegar a uma gigantesca, transnacional de 26 companhias.

O que aconteceu com as empresas? Quando vi que as empresas que andavam mais rápidas tinham processos e procedimentos claros e que as empresas que não tinham estavam sempre em desordem, criei um movimento dentro das empresas. O empresário que reclama é aquele que não tem processo em sua empresa, e que na cabeça dele ninguém tem que saber de nada.

A pessoa metódica ama executar processos, mas se você não é essa pessoa, precisa apenas fazer, cumprir, ter clareza para não ter prejuízo no negócio. **Desenvolva processos. O pro-**

Qual a sua diferença no mercado? A diferença é o seu posicionamento em relação à empresa que você chama de concorrência.

cesso tem que ser claro e rigoroso. Se você mudar uma vírgula, tem que treinar todo mundo novamente, o que é muito bom, faz a eficiência ser acumulada de maneira eficaz.

Qual é o grande desafio para um negócio pequeno, médio, grande ou gigantesco? Todos precisam de procedimento sobre como fazer. **Qual a sua diferença no mercado? A diferença é o seu posicionamento em relação à empresa que você chama de concorrência.**

Para mim não existe concorrência. Concorrência é quando tudo é meia boca. Eu não olho para a concorrência, mas já trabalhei em uma empresa que o dono ficava falando na concorrência o dia inteiro. Não se preocupe com a concorrência. Se você é disruptivo, eficiente, pode esquecê-la.

As pessoas, quando compram comigo, não compram de uma marca, então **você não tem concorrente. O que você tem é uma competição para ver quem vende mais.**

Observe as garagens das casas, dificilmente tem uma marca exclusiva de carros lá. Depende do poder aquisitivo também, geralmente Ford, Volkswagen, Chevrolet, há espaço para todos.

É difícil uma pessoa ter duas marcas de assinatura de televisão, ou duas marcas de telefone fixo, não tem, geralmente tem apenas uma. Muitas vezes a escolha será baseada na preferência. Quem mais chama a atenção, quem é melhor, quem tem o melhor procedimento e quem cumpre o que fala, é o que fará toda a diferença na escolha.

Então o que tem que fazer? Escrever todos os procedimentos de maneira que até um menino de 8 anos de idade entenderia, mesmo se o assunto for complexo. Mas atenção, o assunto pode ser complexo, o procedimento, não. Tenha em mente que as empresas que não possuem procedimento pagam mais caro!

O procedimento é o passo a passo para fazer as atividades dentro de uma empresa. Parece bobagem, mas não é. Ter lugares específicos para armazenar as mercadorias, por exemplo, deve estar lá. Eu tenho uma oficina onde o lugar de alguns objetos foi determinado. Eu pintei o chão e disse: "É aqui que vai colocar." Por quê? Porque qualquer pessoa vai localizar o produto, saberá onde está. A diferença é como você faz.

O que não pode faltar no procedimento? É o "como" você faz. Isso vai diferenciá-lo das outras empresas.

Temos dois fatores dentro de uma empresa que precisam ser diferenciados: o projeto e a rotina.

Projeto

Todo projeto precisa ter data para concluir. O projeto é um procedimento: tem início, desenvolvimento e finalização.

Vou explicar: você deseja construir uma sede nova, isso é um projeto da empresa, e esse projeto deve caber numa folha. O que estou falando é da importância de saber o que está fazendo. Em todo projeto estas perguntas precisam ser respondidas:

- Qual a data do término do projeto?
- Qual o nome do projeto?
- Quais as pessoas envolvidas?
- Quem é o líder do projeto?
- Quais são as etapas?

Em seguida, vêm as etapas:

Começo destacando a rotina, são atividades que se repetem, de maneira fixa. Faça distinção entre o que é temporário e o que é fixo. Escreva essas etapas. Se você não fizer isso, terá menos lucro, será menos eficiente, terá dor de cabeça e vai reclamar o tempo inteiro.

Escreva todos os procedimentos e deixe óbvio para todos que trabalham na sua empresa como funciona cada setor, inclusive, anote até a hora em que a empresa inicia as atividades.

Quanto maior a empresa, mais procedimentos, mais processos; uma das coisas que ajudam a fazer com que as suas empresas cresçam são os procedimentos que você tem. Se eles são revisitados, dinamizados e são sempre mutáveis, contribuirão para fazer com que essa empresa vá mais rápido. Tenha em mente que o processo não é para burocratizar, é para criar uma linha padrão para que essa empresa avance rápido. A partir do momento em que você achar que o procedimento está pesando a empresa, revise o procedimento, ele pode estar errado.

O procedimento errado transmite a sensação de burocratização, então, é hora de usar o procedimento para treinar, para orientar. Por exemplo, em alguns supermercados os produtos que mais dão retorno estão na altura dos olhos, os mais desvalorizados, ficam nas prateleiras lá embaixo ou bem em cima. Por que isso? Porque é onde você mais tem acesso, então o melhor produto para o supermercado tem que ser colocado na altura dos seus olhos.

Os produtos que ficam nas pontas trazem mais retorno, os produtos que mais enchem o mercado são os produtos que são um chamariz: Coca-Cola, arroz, feijão, carne. Na maioria das vezes eles ganham pouco sobre esses produtos ou operam no prejuízo. Isso é um procedimento que tem como objetivo chamar a atenção dos consumidores para os itens que precisam comprar. Mas, estando dentro do supermercado, compram outros produtos, às vezes, até mais caros que em outro lugar. O que é isso? Procedimento.

A falta de procedimento pode causar um rombo numa empresa. Precisamos aprender a jogar o *jogo de gente grande*. O processo é para achar falhas, treinar e automatizar várias coisas. Para começar, use uma planilha no Excel e busque aperfeiçoar nisso; ter esse processo vai fazer você enxergar a sua empresa de uma maneira macro, e não micro.

Imagine-se num supermercado, você chegou no caixa e não consta o preço do produto. O caixa pergunta se você sabe quanto custa. A sua resposta é: "Não sei, mas acho que em torno de R$100,00. Então, o funcionário digita no procedimento, o valor que você indicou. Isso absolutamente consta no procedimento de um supermercado, tenho certeza, jamais o caixa vai ter a autonomia de decidir o valor de um produto. O que pode estar no procedimento é o caixa chamar o supervisor e ele tomar a decisão, com a própria senha. A falta de procedimento pode dar prejuízo na sua empresa.

Caso ocorra uma alteração no processo, informe todos colaboradores de que o processo mudou. O processo é definir etapas e cada vez mais ir enxergando a sua empresa como um todo, ajustando e automatizando seu negócio. Uma empresa com processos bem definidos corre mais rápido.

CHEFE OU LÍDER?

Há três tipos de gestor: gestor **criativo**, gestor **executivo** e gestor **administrativo**.

Você precisa desses três gestores para a sua empresa avançar. Eu me tornei esses três. Sou criativo, executivo e administrativo. Se você conseguir ter esse repertório de gestão nessas três esferas, vai crescer muito e vai alavancar mais rápido.

E qual vale mais? Primeiro: o criativo. Segundo: o administrativo e terceiro: o executivo. Mas é bom se aperfeiçoar nos três.

4P - PROCESSOS

Isso vai ajudar muito, mas enquanto não tiver domínio nessas esferas, procure pessoas para realizar essas funções. Processos é um dos pilares mais importantes para o desenvolvimento de uma empresa.

OS 7Ps DA EMPRESARIZAÇÃO

Tarefas:

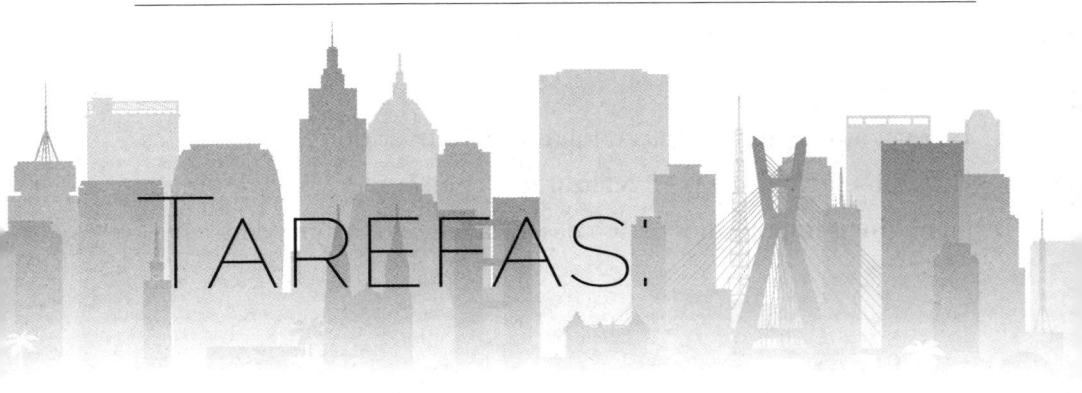

Vá a uma empresa e anote o que está errado. Com certeza vai dar mais de 153 itens, 90% destes itens são por questões de procedimentos não realizados. Insira todos os dados numa planilha e mapeie os procedimentos errados. É muito importante fazer este exercício!

Lembre-se: Os processos sempre andarão de mãos dadas com a eficiência.

CAPÍTULO 5

PLANEJAMENTO

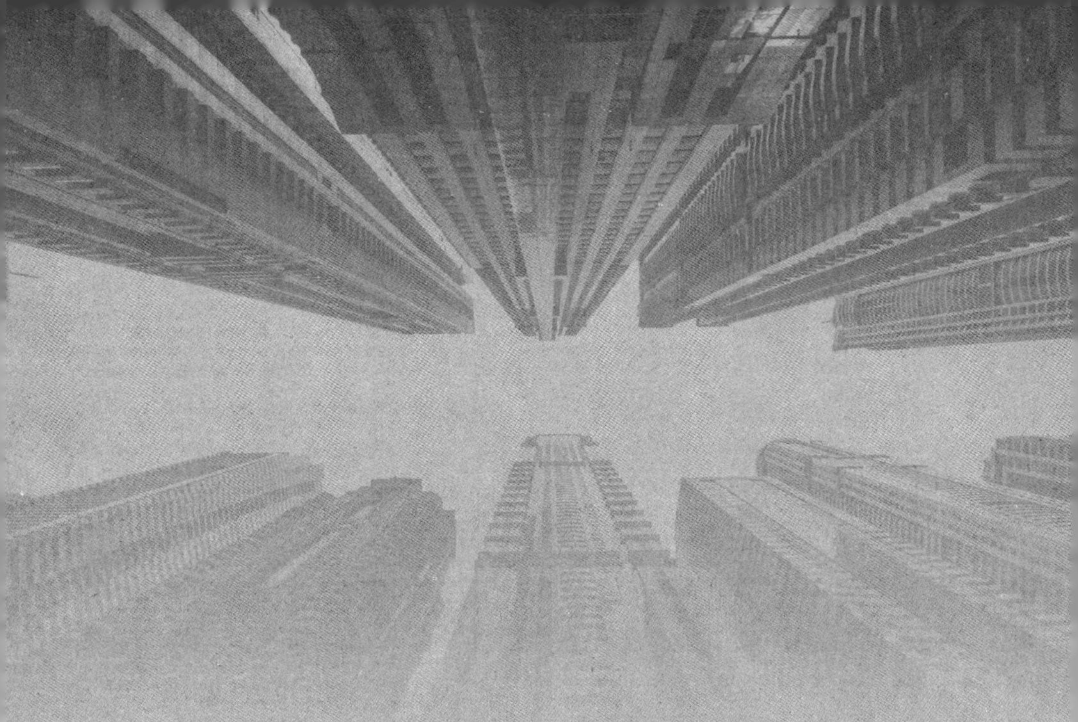

Chegamos ao quinto P da empresarização e você diz: " Eu achava que o planejamento vinha antes de tudo, mas não vem." É isso mesmo! O primeiro sempre será o **Propósito**.

Pelo amor de Deus, pare de fazer as coisas na sequência errada! Empreendedor não é aquele que tem empresa, é aquele que tem mentalidade empreendedora. **Empresário é uma função, empreendedor é um estilo de vida.**

Deixa eu explicar. Estava correndo quando vi uma pessoa pintando uma casa e, como queria pintar a minha casa, parei para conversar com ele. Isso porque contratar uma empresa sairá mais caro do que pagar a um bom profissional que não vai cobrar o que uma empresa cobra para fazer a mesma coisa.

Empresário é uma função, empreendedor é um estilo de vida.

Depois de dizer o que eu queria, a pessoa disse: "Não, eu não faço pintura". Eu falei: "Mas eu estou vendo você pintar". Ele disse que não seria possível, porque ele trabalhava para uma empresa. Quando a pessoa não tem a mentalidade empreendedora, não pergunta como o patrão dela faz para arrumar clientes e qual a distância que ela está para ter um negócio como o dele.

Entenda, o patrão recruta gente igual à pessoa com quem conversei para colocar para trabalhar e pegar a demanda de serviço. Seguindo na conversa perguntei: 'Mas, no final de semana, você não pinta, vejo que você faz um excelente trabalho.' Ele respondeu: "Sim, sou bom na pintura". Eu pedi o número do telefone dele e me disse que, no final de semana, poderia pintar. Eu lhe falei que poderia empreender na área, mas ele me disse que não era possível.

Recebi a oferta de um outro pintor. "Não importa o quão grande seja a sua casa, eu pinto ela em 24 horas". Fiquei fascinado com isso! Mas o que ele faz? Ele pega o serviço, recruta gente e treina para ser rápido e eficiente e convence esse pessoal, sobre a importância da agilidade e da eficiência - vão ganhar mais. Esse cara entende de pintura, os caras viram uma máquina com serviço excelente.

E de onde o inventou isso? Como? Ele promove um batalhão, e claro, cobra mais caro, porque o serviço de um mês ele faz em 24 horas. Nesse caso a pessoa que não tem mentalidade empreendedora de conseguir fazer o mesmo prefere ter um patrão que paga R$3.000,00 por mês em vez de ganhar isso em poucos dias.

Quando você empreende, você consegue fazer o dinheiro de 10 anos em 6 meses. Isso se faz pelo esforço pessoal, mas quando você vai para o digital, consegue dar um salto de milênio.

Precisamos criar empresas no Brasil. Empresas não quebram, o que quebra é gente que não tem inteligência emocional, o que você está aprendendo agora. Nós precisamos virtualizar o país, nós ainda não somos virtualizados. Uma parcela pequena sabe disso. E não é fazer comentários em vídeos dos outros que vai tornar um país ativo no mundo digital, e sim, é fazer negócios no digital com algoritmo.

Agora que você já entendeu como uma mente empreendedora funciona, precisa focar no planejamento. Você consegue planejar com maior eficácia quando você já entende sobre propósito, pessoa, produto e processo.

Eu não estou falando daquele mini planejamento inicial que envolve fazer contas para saber se tem dinheiro suficiente ou não. Anote isto para destravar a sua cabeça: **O princípio da ordem norteia todo o planejamento, se não seguir o princípio da ordem, não é planejamento**.

Planejamento representa um plano, um rumo. O planejamento não vem antes de qualquer coisa. Eu crio um rumo, faço e

O princípio da ordem norteia todo o planejamento, se não seguir o princípio da ordem, não é planejamento.

sigo testando. E assim vou reconfigurando o plano, o planejamento poderá mudar. Se o planejamento vem primeiro, o negócio tende a quebrar com muita velocidade. Por quê? Porque eu determinei um plano e quero que ele seja igual a um roteiro de filme e não vai ser desse jeito. Na empresarização, o plano é dinâmico. Por exemplo: nós vamos mexer com um negócio novo, então estudaremos sobre tributação, porque dependendo da tributação, tem coisa que não dá nem para mexer. Por quê? Para evitar que você gaste energia demais e obtenha pouco retorno.

Há indústria no Brasil que paga 45% de imposto e isso não faz sentido. A pessoa tem de ser um guerreiro para empreender em algo desse tipo. Por exemplo, se começa a trabalhar com mineração, vê que existe muita ilegalidade no setor devido aos impostos, logo vai desistir, como a maioria das pessoas fazem, por acreditar que não adianta seguir nesse caminho.

Planejamento é um plano por onde você passa para atingir um objetivo. Se você deixa esse planejamento dinâmico, ele vai mudar, se o deixa fixo, a tendência é que ele quebre a empresa, uma vez que estamos em constante movimento.

5P - PLANEJAMENTO

O tempo muda, os contratos mudam, a tendência muda e tudo que contribui com a mudança daquilo que você começou vai tornar o seu plano ineficaz, desatualizado. Por isso você tem que abrir a sua cabeça para que o plano seja dinâmico.

Um exemplo disso é a Google, que é o maior servidor do mundo, mas está lançando telefone celular. O que a Google fez? Fez o android e quebrou a Nokia. Como ele fez isso? Ele falou: "Vou fazer um sistema operacional". Quando eles fizeram o sistema, chegaram à maior empresa do mundo e falaram assim: "Eu vou deixar vocês acessarem de graça nosso sistema". E a Nokia disse: "Não. Nós somos a maior empresa de telefone celular do mundo, nós não vamos usar esse negócio".

Você sabe onde está a Nokia agora? A maior empresa de celular do mundo não vende mais celular, por quê? No plano não estava traçado mudar o *software*. O plano da Nokia era continuar vendendo muito, porém, a tecnologia mudou.

A Sony tem um planejamento para 50 anos e a Disneylândia está completando 100 anos. Essas empresas vão fazendo planejamento e deixando-o dinâmico porque se mudar o *time*, a legislação, a tributação, terão que se adaptar ao novo jogo.

Outro exemplo: a Uber nunca lucrou tanto no Brasil como no ano de 2022, mas, com a mudança de governo, existe uma ameaça real de sair do país. A empresa continuará crescendo, mas se não tomar certas decisões, terá dificuldades no futuro.

A Ford Company está no Brasil há décadas, inclusive fui convidado a visitar uma pista de testes que eles colocaram à venda. A Ford tinha um incentivo fiscal porque comprou a Troller, que era brasileira. O que o planejamento mundial da Ford fez? Decidiu sair do Brasil. Então você imagina, uma empresa que está há décadas no país, o planejamento foi suspender toda a operação. Eu sentei com a Diretora da Ford e ela me disse: "O nosso forte não é fazer esses carros que a gente faz no Brasil, o nosso forte é fazer caminhonetes; então, nós vamos mandar camionetes para cá". E desmontaram o planejamento que estava aqui.

Às vezes. o planejamento deve ter um corte abrupto, ou um planejamento chamado *downsize*, que é a diminuição do tamanho, é a reestruturação da empresa por meio de redução de custos e eliminação de processos desnecessários. Eu nunca vi uma empresa quebrar, debaixo da minha orientação e isso nunca vai acontecer.

Como consultor, aconselhei várias empresas: "Faça o *downsize*." E o responsável falava: "O que eu vou fazer com esse tanto de pessoas?" Eu orientava: "Conte a verdade para todo mundo, pague os direitos das pessoas, faça tudo certo como se deve fazer. Senão, a empresa vai quebrar".

Um dia um empresário paulista, muito rico, quebrou a empresa e disse: "A tecnologia quebrou a empresa." Eu estava num evento com os maiores empresários de Alphaville e subi no palco, todo mundo contando uma história de derrota, um falava que tinha quebrado o negócio dez vezes, o outro quinze vezes, e eu

5P - PLANEJAMENTO

Se você quiser cumprir o planejamento fixo, você vai quebrar o seu emocional por conta disso.

peguei o microfone e falei: "Eu queria ter essa história de vocês, mas nunca aconteceu isso comigo".

Um grande amigo estava lá, o Janguiê Diniz, ele olhou para mim e perguntou: "Como assim, você nunca quebrou?". E eu repeti: "Nunca quebrei". Sentei-me ao seu lado e ele me cutucou: " Como assim, nunca quebrou um negócio? Que doido, então você vai quebrar". Então lhe expliquei: "Não tem como quebrar um negócio. Quem quebra é o dono, eu não quebro desde quando comecei a empreender".

Agora sim, eu já dei empresa, já fechei empresa. Eu vejo o planejamento e pergunto: "O que está acontecendo?" E decido fechar a empresa, por ela não ter mais propósito.

Logo surge a pergunta: "Mas e o tanto de dinheiro que você investiu lá?". Eu falo: "Fica para caridade e vamos sair." Vocês podem falar que sou louco, mas eu digo: "Não sou louco, empresas não quebram, o que quebra são os donos".

Se você quiser cumprir o planejamento fixo, você vai quebrar o seu emocional por conta disso.

O que é planejamento empresarial de verdade? É um conjunto de processos, um conjunto de sistemas, é um conjunto de concentração de recursos e esforço para você alcançar um objetivo; isso é planejamento.

Quero faturar R$1 milhão, para isso eu preciso de 10 funcionários, que precisam disso, daquilo e vai listando o que precisa, um planejamento central, desenhe isso.

Um dia, conversando com um amigo, ele tinha uma empresa que carregava cartucho de impressora e vendia cartucho, ou seja, ele tinha duas formas de fazer dinheiro, uma era vender cartucho novo e a outra era cartucho reciclado. Ele disse: "Eu vou fazer R$1 milhão". Eu perguntei: "Você tem braço para isso? Tem estoque?". Ele falou: "Nem parei para pensar nisso". Eu falei que não conseguiria fazer um milhão, e ele me pediu para 'virar a boca pra lá'. Eu obedeci e disse a mesma coisa: "Bate na sua boca, também", que é só uma expressão e não vai mudar nada. Por quê? Precisamos de energia, de estoque e braço, precisamos de volume de produto (estoque) e braço, que é o volume de serviço. Você tem? Se a resposta é não, então, não vai fazer um milhão".

Algumas pessoas podem questionar: "Mas você não acredita em milagre?". Vou ensinar uma coisa para você, adquira uma mentalidade empreendedora, milagre não combina com calculadora, nem com excel. Então, vou explicar: "Eu creio em milagre também, mas não combina! Ou é um método ou é outro. Faça a coisa com constância e não coisa de alto impacto, que não vai dar certo.

É melhor correr 5 km todos os dias em vez de correr 35 km num dia. Isso não é plano, é suicídio empresarial. Agora, milagres

5P - PLANEJAMENTO

acontecem, mas na categoria de milagres, milagre é bônus, trabalhe como se não existisse, ele vai pegá-lo no meio do caminho.

Fica em paz, favor de Deus é bônus. As demais coisas preciso plantar e colher. O milagre é plantar uma semente e colher dez. Então faça seu plantio e no percurso as coisas acontecem. Não coloque milagre no planejamento.

Em maio de 2022, planejei lotar um estádio com 17 mil pessoas e para isso fiz as seguintes perguntas: "O que preciso fazer para colocar tantas pessoas nesse lugar? O que preciso fazer para alcançar pessoas para ouvir; chamar a atenção nas redes sociais; para convencê-las a comprar?

Eu sei exatamente o cálculo para chegar em qualquer coisa que você quiser. Isso se chama planejamento de volumetria, e eu sou bom nisso. Como eu tinha pouco tempo, comecei a produzir energia para o evento acontecer.

Primeiro, você precisa fazer os cálculos. Abri uma planilha do excel e fiz as contas com uma volumetria gigante para chegar à quantidade que eu queria. Nas eleições fiz um levantamento para atingir dois milhões de eleitores em São Paulo que poderiam votar em mim e fui para o 'quebra pau'; em 13 dias, conquistei 243 mil votos.

Estava tudo planejado para viajar, fazer um roteiro e depois percebi que não precisava ir a todas as cidades, pois o planejamento não estava fixo e na análise havia uma ação que era fazer isso.

Eu gravei um vídeo para cada cidade, gravei 645 vídeos, não vi o dos outros candidatos, mas acho que eu fui o único. Obtive um voto pelo menos de cada cidade, exatamente o que eu falei que ia fazer, eu ganhei um voto em todas as cidades.

Fiz um vídeo dizendo: "Você que é da 'cidade X', escolhi você para ser meu eleitor. Diga o que está acontecendo na sua cidade que precisa melhorar e mande-me um vídeo". A pessoa pensava: "Quem é esse cara e quem ele está pensando que é?".

Nesse momento surgem pessoas com mentalidade de escassez e falam que, se você colocar R$1 milhão, é possível comprar o voto dos pobres, mas eu não concordo com isso, e sei que é "normal" na política tradicional, todavia **método e planejamento para alcançar gente são fundamentais**, igual em todo o tipo de negócio. Então, por que precisa de planejamento? Para entender o volume. Para atingir um resultado, você precisa de volume e energia.

Eu comecei a entender por que político depois que entra vira bandido. Porque eles queimam o que não têm, porque a maioria não tem grana para entrar e entram como se fosse um cassino. Depois que entram precisam ter dinheiro para pagar as pessoas que o colocaram no jogo. A maioria dos políticos está devendo para agiotas e usa o dinheiro público para quitar a dívida. Eles propõem pagar R$3 milhões para advogado e depois usam o fundo eleitoral. Mas isso é totalmente errado, o fundo eleitoral é para fazer campanha. Eu uso o meu dinheiro honestamente. Resumindo, embora eleito, não me deixaram assumir, mas não me arrependo.

Método e planejamento para alcançar gente são fundamentais

Não é sobre coisas mirabolantes, miraculosas, é sobre volume de dados. Não temos energia para fazer tudo, aonde vamos arrumar? Eu não contrato gente inteligente para fazer as coisas que eu sei fazer. Eu contrato gente inteligente para fazer coisas que eu não sei fazer. Esse é o plano. Pare de contratar gente inteligente para você dizer o que ela precisa fazer.

O sonho de toda a empresa é ter um CEO que não seja o dono. Não fique chateado, mas a sua empresa não gosta que você seja o presidente dela. Quer saber por quê? Porque você tem paixão demais, você é dolorido demais com essa empresa; um profissional vai tratar bem essa empresa, vai fazê-la ter dinheiro no caixa, *network* e tudo que for necessário. Esse CEO vai fazer de tudo para ser melhor que você.

Você já parou para pensar o que você fez para conquistar a pessoa com quem você se casou? E depois de casar, você não cuida? Já refletiu sobre isso ou não?

A verdade é que se você continuar cultivando a relação, fazendo o que você fez para ter acesso a essa pessoa e ter aliança com ela, seu relacionamento nunca dará errado. A questão é que, no meio do caminho, você deixa de agir como antes, passa a fazer comparações, passa a olhar para outra pessoa, que lhe dá atenção e isso é suficiente para destruir seu casamento.

Então, o que acontece nos negócios? Você precisa manter o foco na sua empresa como se fosse a pessoa que fica somente na conquista. O que você tem que fazer? Arruma essa pessoa que vai viver esse lance do negócio, porque o dono do negócio já passou a fase da conquista, entrou na fase morna, da acomodação. É por esse motivo que as empresas não crescem.

Sempre tem que ter alguém bravo, sempre tem que ter um tubarão, alguém que morde o cabo de aço, sempre tem que ter gente que come farinha com vidro, mastiga e faz o negócio acontecer. Em resumo: sempre tem que ter alguém mais bravo que você.

Quando começa a não ter mais entrada de faturamento, as pessoas que estão ao seu lado começam a ir embora. Se for para queimar tudo para fazer o propósito que Deus chamou, queime! Vai deixar o seu cônjuge doido, mas vai dar tudo certo.

Eu não quero ser palestrante de empresa, tenho planos, largo tudo no ápice, que é a melhor hora de largar qualquer coisa e levar isso como bagagem para realizar outras coisas. O meu coração transborda de outra forma, então não quero estar num ambiente de palestra pela palestra, mas estou lá para pegar códigos.

PLANEJAMENTO: FINANCEIRO, ESTRATÉGICO, TÁTICO E OPERACIONAL.

Planejamento Financeiro

Não brinque com quem tem mentalidade de gente próspera. Não ter dinheiro no começo da obra não significa que não pode começar agora. Você tem energia para ir atrás e para arrumar o recurso.

Jesus falou um dia que se você vai fazer uma casa, deve sentar antes, fazer as contas para ver se você dá conta de concluí-la. Ele não falou para você deixar de fazer, Ele mostrou o seguinte: se você não tem dinheiro para concluir, mude o seu comportamento. Ele não falou para você parar, Ele falou para você envolvê-Lo, inclusive dizer: "Você pode me ajudar a bancar isso aqui?". Mas não deixe de fazer. **Se a obra é eterna, Ele vai ajudá-lo.**

Toca o meu coração ver uma casa de pessoas de baixa renda não terminada. Eu não gosto de ver essa cena. Você sabe o que acontece na mentalidade da pessoa? Ela começa e não termina a casa, o fato é que não ter o dinheiro para concluir a obra não significa que não possa começar. Mas sempre que for começar, faça as contas de quanto isso pode custar, porque é o tanto de energia que você precisa colocar.

> **Se a obra é eterna, Ele vai ajudá-lo.**

Por favor, liberte-se dessa m** de escassez, dessa maldição de pobreza da sua cabeça. Não ter o dinheiro para construir algo não significa que você não possa começar. Assim, como eu estou lhe falando, há muitas famílias que começaram e não sabem como pagaram e concluíram a casa. Eu sei, investiram a energia necessária para isso acontecer. Então, é importante que você tenha energia.

No planejamento financeiro, não significa que você precise ter todo o dinheiro para fazer, mas significa que você precisa de energia, meça toda a energia de que você irá dispor, porque no meio do percurso, ela poderá faltar ou sobrar.

Há muita influência sobre o quanto você está conectado e o que está fazendo. Recebo muitas perguntas assim: "Eu estou desbloqueando da escassez, mas fico com medo de estar gastando o meu dinheiro todo." Eu falo: "Não tenha medo de que o dinheiro que você está aplicando não volte. 'Mete o bambu' agora, não interessa quando, mas vai voltar."

No seu planejamento financeiro deve constar o *branding*, investimento na sua imagem pessoal. Adquira um carro bom, porque você está no Brasil e no Brasil as pessoas definem como elas são com base nos carros em que andam. Invista dinheiro em roupa, não é roupa de grife, mas a roupa que melhore sua aparência, contrate uma consultoria. É importante incluir esses tópicos no planejamento. **Não sei se você sabe, mas a sua empresa vale o que você vale.**

5P - PLANEJAMENTO

Não sei se você sabe, mas a sua empresa vale o que você vale.

No planejamento financeiro, você vai anotar uma coisa que gera desconforto em qualquer negócio, acabar o dinheiro no caixa. Não pode faltar dinheiro no caixa. Às vezes eu vou precisar ir no tranco, não ter dinheiro no caixa é pior que prejuízo. O prejuízo não quebra a empresa, o que quebra é o dono não conseguir colocar dinheiro no caixa. Há pessoas que fazem as maiores idiotices, chamam alguém para ser sócio no contrato social e colocar dinheiro no caixa. Não faça isso.

No planejamento financeiro, eu trago a pessoa e ofereço um retorno financeiro, não significa colocá-la no contrato social. Porque a pessoa que vem pelo dinheiro vai embora pelo mesmo motivo. A pessoa que vem até mim pelo propósito, ela vai embora pelo propósito, porque ela tem de seguir o seu propósito.

No planejamento financeiro, a empresa precisa ter dinheiro no caixa, e, quando eu, o dono da empresa não tenho esse dinheiro, eu posso usar o **OPM** (*other people 's money*) que é o jeito mais rápido de arrumar dinheiro. "Eu não sei onde arrumar investidor." Você está procurando no lugar errado. Eu canso de ver pessoas querendo arrumar gente para investir e colocar grana e é muita gente. Se eu não tivesse dinheiro, eu iria tocar a empresa do mesmo jeito, com o dinheiro dos outros. A entrada seria infinita porque eu respeito *network*. Particularmente, eu não gosto de investir dinheiro dos outros, se der errado, sobra para você, mas é um dos melhores negócios que eu já vi, pois você envolve capital de terceiros e não seu. Mas, se você tem dinheiro, é melhor não arriscar o dos outros.

Não ter dinheiro em caixa estressa, qualquer negócio exige ter dinheiro no caixa. Há situações em que é necessário refinanciar o seu carro, porque o carro não é prioridade sobre o caixa. E haverá momentos em que você vai precisar pegar um imóvel seu para fazer dinheiro. Mas, se o dinheiro não for para alavancar o próprio caixa, não faça mais nada, esse negócio precisa parar. A empresa não precisa ser salva, se o negócio não funciona, procure um contador e feche. Por que a empresa quebra? Porque o negócio não funciona.

Quando decidi fechar uma empresa, um sócio não gostou. Nós havíamos injetado R$6 milhões. Eu lhe perguntei se queria colocar mais R$10 milhões? Ele disse: "Nós temos que pegar esse dinheiro para trás." Eu falei: "Você vai ter que dar ré, isso não funciona. O negócio é ressignificar, pegar o aprendizado, pregar o diploma na parede, seguir em frente e fechar o negócio."

Nós fechamos, comprei todo o maquinário, a parte dos sócios e reabri o negócio, por ser o meu *lifestyle*. Então, não tem nada a ver com lucro, mas o motivo é que eu gosto desse negócio. Eu comecei o negócio novamente, do zero, sem sócios, sem pressão, é uma empresa de corrida, que tenho por prazer. **Só há uma possibilidade de o negócio quebrar, e ela só existe na** sua cabeça; negócios não quebram, quem quebra são os donos.

O que significa tecnicamente um negócio quebrar? É falta de dinheiro no caixa. O que fazer então? Tomar a decisão de não colocar mais dinheiro, então é hora de encerrar o negócio, sem nenhum problema. Alguém pode até falar: "Mas esse negócio poderia ter virado um negócio gigantesco." Sim, poderia, só que eu teria que colocar mais energia e eu já decidi não colocar mais. As pessoas que tentaram fazer isso não lograram êxito". Empresa saudável é uma empresa sem R$1,00 de dívida. Eu ressignifico o dinheiro investido e fecho o negócio.

> **O combustível do negócio, não começa com o dinheiro. Começa com uma ideia**

No planejamento financeiro, uma locomotiva não anda se não houver carvão, lenha, ou seja, o combustível do negócio é dinheiro. **O combustível do negócio, não começa com o dinheiro. Começa com uma ideia,** e eu posso assegurar para você que os melhores negócios que já fiz, entrei sem nenhum real. Todos os melhores negócios que fiz comecei com energia. **Energia vale mais que dinheiro.** Por quê? Porque se você não tem o dinheiro agora, não é ele que o salva, e sim a energia para conseguir o investimento, o recurso financeiro. **Dinheiro é uma energia de troca.** É necessário que esse negócio esteja sempre abastecido para me dar paz, caso contrário, se torna o meu problema emocional e acaba por afetar todas as decisões no negócio.

Planejamento financeiro (volumetria)

Referente ao planejamento financeiro está relacionado a serviço e produto e você precisa ter informações claras para decidir. As perguntas que devem ser feitas são:

- Qual a perspectiva de faturamento anual do negócio?
- Com quantas pessoas eu tenho que dividir?
- Qual é a sazonalidade?
- Qual o período que mais vende?

Com essas respostas, você saberá quanto deve investir no mês de janeiro, no mês de março, em qualquer mês do ano.

Quem vai abrir uma empresa tem que aprender algo, um b*reak even point*, que é o ponto de equilíbrio de um negócio, geralmente, é de 2, 3 anos, ou até mais, ou seja, é um prazo para injetar dinheiro e, depois, começar a ter retorno.

Lancei uma escola e ela deu um *break even point* em poucas horas, mas o que eu fiz? Eu fiz o projeto, mas atenção, não se iluda, não acontece em todas as escolas e negócios. Eu apliquei energia, mais muita energia para dar *break even point*.

O segundo passo é: *payback*, que significa o retorno do seu investimento, o equilíbrio da sua empresa. No seu planejamento, deve constar o *payback*. Quando a empresa começa a pagar de volta, é muito bom. Na maioria das empresas, o dinheiro fica lá e não retorna. Você que vai abrir uma empresa, o caixa eletrônico está sem boca para depósito, é somente saque. Então vou ensinar para você uma "malícia" do negócio.

Construa o caixa eletrônico, coloque todo o dinheiro para a empresa atravessar o tempo que for necessário e depois dessa entrada, não coloque mais nada. Tem sócio meu que fala: "O que vão falar do Pablo Marçal se ele não colocar mais R$1 milhão nesse negócio aqui?". Mas eu não me importo com o que os outros falam se já decidi que não vou pôr mais dinheiro no negócio.

Entrei em um negócio recentemente, e falei: "Eu tenho três coisas para oferecer e nenhuma delas é dinheiro." A pessoa arregalou os olhos. Eu falei: "São três coisas que valem muito mais que dinheiro. Eu tenho gestão, porque, para ter esse tanto de empresas que nós temos, mais de 20, eu preciso de um núcleo que faça a gestão para todos os negócios. RH, Financeiro, iguais e tudo comprimido com o mesmo patamar, caso contrário nenhuma empresa cresce. A cultura é única. O *network*, nessa área em que você está, vale muito mais que qualquer montante de dinheiro que você está querendo de mim". Então, o cara respirou e disse: "A única coisa que eu não tenho e o dinheiro não pode pagar, então eu quero". Fechamos a sociedade.

Entenda, o dinheiro não é tão importante quanto você imagina, mas sendo gerador de energia e riqueza, vale mais que ter grana. E se você gritar da sua casa: "Aí, Pablo, me patrocina". Eu provo, dou a você R$1 milhão em dinheiro que você precisa e você queima tudo.

Muitas empresas pegam recurso e colocam dentro do incinerador. Empresas que não alavancam queimam dinheiro. Certa vez, um amigo fez o Método IP e chorou e falou: "Estou vendo que você ficou rico, eu preciso de dinheiro". Eu falei: "Me abraça aqui, vem cá." Ele é um grande amigo, que eu respeito. Eu abracei e falei: "Repete comigo, minha empresa não precisa de dinheiro". Ele ficou muito irritado, porque acreditou que eu iria emprestar.

Não sei se vocês sabem, eu não empresto dinheiro. Você não vai achar uma pessoa que eu emprestei dinheiro nos últimos 12 anos. Não empresto. Isso gera uma paz comigo mesmo. Uma pessoa se aproximou de mim e disse que precisava de R$1 milhão e apresentou uma lista de coisas que ela iria fazer com aquele dinheiro. Eu perguntei: "Você já começou a fazer algum dos itens desta lista?" Ele respondeu que não. Então eu disse a ele para começar sem dinheiro, porque era besteira.

Entenda, se você ganhar R$50 milhões na mega-sena, o que você vai fazer com o dinheiro? Eu garanto que só falar coisas desnecessárias. O que você fala que vai fazer mostra o quanto você entende de dinheiro. Preste atenção no que eu vou lhe falar: **Todos os que jogam não falam sobre multiplicar o dinheiro e sim sobre gastar o dinheiro, é por isso que não têm dinheiro.**

Eles falam assim: eu vou comprar, vou comprar, vou comprar, somente passivo. Se eles respondessem: vou aplicar em tal coisa para distribuir dividendos e tal, tal... teriam dinheiro. Então

5P - PLANEJAMENTO

o que é que uma empresa tem que fazer é investir e não "comer" dinheiro.

Uma empresa precisa investir em algo. Eu vou contar como eu faço: pego o dinheiro do caixa da empresa e compro precatório, compro título do governo, que é dívida dos outros que não dão conta de esperar para receber. A minha empresa de lançamentos compra precatório, a empresa de treinamento compra precatório, a empresa de imobiliária compra precatório. O dinheiro do meu caixa nunca acaba.

Exemplo, tenho R$10 milhões na conta de uma empresa e me interesso em comprar um imóvel de leilão, eu falo: 'Vamos fazer uma alavancagem'. Eu compro no leilão com o dinheiro daquela empresa.

Precatório é a dívida que o governo tem com alguém, eu compro a dívida que vale R$1 milhão por R$600 mil pagamento imediato, para receber daqui a 6 meses a 1 ano, depende. Mas já tento fazer dinheiro rápido com isso, tentando vender por R$800 mil o que paguei R$600 mil, vendendo já faço R$200 mil. Ou realmente espero receber R$1 milhão do governo o mais breve possível, ou faço uma negociação com o governo para receber menos ou mais rápido. Não perco dinheiro com isso. O que eu fiz? Eu usei o caixa da empresa para alavancar dinheiro, ou seja, tenho um canal que vende produtos e me devolve e faço dinheiro com o próprio dinheiro do caixa, isso consta no meu planejamento financeiro: fazer dinheiro com o próprio dinheiro do caixa.

Eu vi que um negócio não estava dando lucro, peguei o dinheiro do caixa e comprei muitos carros de leilão mais barato para vender e esse dinheiro voltar e pagar a empresa sozinha. O que acontece? O dinheiro volta para a empresa. Porque o método de fazer dinheiro não é vendendo só o produto que você tem nessa empresa, e a tendência é ser cada vez mais agressivo, para ter mais dividendos, que não são frutos de vendas da empresa, mas de negócios paralelos feitos com o dinheiro da empresa.

No seu planejamento de vida, aprenda a ser investidor, porque ser somente empresário não garante o sucesso do negócio. Você precisa aprender a pegar parte do recurso do negócio e investir, comprar coisas e vender rápido. Não faz sentido você não entender o jogo.

Eu compro aeronaves abaixo do preço, uso e depois eu vendo cobrindo todos os gastos. Tem gente que não compra avião porque entende que é caro, eu não gasto nenhum real, com nenhuma aeronave. O dinheiro das despesas ainda é menos do que ganhei na compra. Dá para jogar de várias maneiras, mas você precisa aprender o rumo do seu planejamento financeiro.

O **planejamento estratégico** é ganhar espaço, assim como no futebol americano, aumentar o volume e expandir o mercado. Tem um negócio chamado *market share*, é a fatia de mercado, ou seja, é um indicador que representa a parcela da participação de uma empresa no mercado. Quando aumento a fatia, aumento um monte de problemas também, mas aumenta a nossa capacidade de produção e, consequentemente, o faturamento.

A lucratividade não está ligada a isso. Na questão da expansão, vou aumentar problemas e o faturamento, o que é diferente de lucro. Há quem fature R$1 bilhão, mas tem 1% de lucro líquido. Mas conheço gente que fatura R$ 30 milhões e tem lucro de R$ 10 milhões.

Na distribuição de comida, a lucratividade é de 1% a 2% no máximo. Mas há quem faça lançamento imobiliário ou digital e consiga fazer a lucratividade de uma pessoa que fatura R$1 bilhão. O que é isso? É necessário estar no planejamento estratégico, volume de energia com o esforço que você está aplicando.

Tem um negócio chamado **ROI** (*return on investment*), retorno sobre investimento que você aplica. Se você aplicar R$ 1 milhão, voltou R$ 10 milhões; você precisa tirar o investimento: 10 - 1 = 9, então o ROI é 09 vezes o valor do investimento realizado. Tenho ROI de 143 vezes o investimento que eu fiz.

Em um sistema linear, você leva mil anos para ter isso, mas no sistema exponencial você consegue isso rapidamente.

Planejamento Estratégico

Agora que você já entendeu sobre planejamento financeiro, você vai desenhar as articulações, que é um macro do negócio, o que vou expandir, quem serão os cabeças do negócio, quem são os

A estratégia é sobre expansão, gestão, organização e alavancagem de negócios.

pop ups, os *squads (um time multidisciplinar)*, a estratégia é pensar no time de futebol, é um time que tem um técnico, e outro time que tem outro técnico, no inglês significa treinador. A estratégia é ter um *coach* treinador.

Outro dia, estava assistindo a um time badalado de futebol americano com um técnico novo e do outro lado um time menos badalado, para o qual ninguém estava torcendo aqui em casa, só eu. O treinador era um senhorzinho bigodudo; ele parecia o tiozinho do desenho Pica-pau (o Leôncio). Esse senhorzinho estava há 23 anos dirigindo aquele time. Aquele ali é fio do bigode. Aquele ali sabe de estratégia, sabe fazer as coisas, tudo absurdamente nos meandros para o negócio funcionar. Essa estratégia tem a ver com desenho, tem a ver com a imaginação de quem vai tocar, o que é muito forte. **A estratégia é sobre expansão, gestão, organização e alavancagem de negócios**.

O tático é o detalhamento, são pequenos ajustes que você faz para o povo entrar na engrenagem. Então o tático é a resposta, é o tempo de fazer isso, eu quero isso, quero ser respondido rápido. Quando eu peço para a pessoa e ela fala: "Fica tranquilo", eu já sei que ela não vai fazer.

Planejamento tático

Se você não colocar exatamente como tem que fazer, não vai ser feito. Exemplo: eu falo para a pessoa fazer uma tarefa e pergunto: "Você vai fazer até que horas?" Como sei que todo mundo é enrolado, espero a pessoa falar a hora que vai fazer e ainda dou mais tempo para ela. Só que eu sei que preciso cobrar uma, duas ou três vezes, caso contrário, não vai sair.

Numa coluna hierárquica, uma pessoa pede para o outra, que pede para o outra e é assim que funciona. Se não tiver o *rapport* (se refere ao interesse pelo que outra pessoa está fazendo ou dizendo) não adianta, se não tiver o *follow up* (acompanhamento) você não vai conseguir fazer.

Então, tático é o detalhado, minucioso, até meio chato. Já o estratégico é o posicionamento para ter as diretrizes do negócio, planos bem definidos e objetivos do negócio, o diagnóstico do negócio e o tático é o detalhamento.

Quando se fala de tático, vem à cabeça o BOPE, entrando numa comunidade para pegar um traficante, ele tem a tática exata, o desenho da planta baixa do lugar, para correr cinco postos. Assim, quando você vê policiamento tático, policiamento especializado, é um policiamento que sabe exatamente com detalhes sobre a estratégia, que é maior .

Planejamento Operacional

O operacional é a maior parte de todos os funcionários, o estratégico é para os "cabeças", o tático é para os metódicos e es-

Negócios são do tamanho da cabeça do dono.

pecialistas e o financeiro é para quem é "enjoado", ama recursos e eficiência.

Na prática significa quatro formas de planejar o negócio. A partir de hoje, não queira ser a pessoa que faz tudo, isso vai sobrecarregá-lo e não vai sobrar energia para fazer outros negócios. Você tem que ter energia humana para converter em energia física e metafísica.

"Ah, mas a minha empresa é pequena". Se você pensa assim, a sua cabeça é pequena, o seu negócio está com um faturamento pequeno. Todos os negócios são grandes, agora, se a sua cabeça é pequena, eu não posso fazer nada, o seu negócio será menor que a sua cabeça.

Isso não é uma palavra de efeito, não é 'besteirol' americano, nem brasileiro. **Negócios são do tamanho da cabeça do dono.** Desistir não está no plano, não pare de fazer. Tenha constância.

Há anos, no início da Plataforma, me perguntaram por que o nome é Plataforma Internacional. Começamos numa casa, com 4 funcionários. Não havia ninguém que falasse inglês e também não estava em outros países. Mas eu respondi que já tinha o planejamento de expandi-la internacionalmente e os funcionários falarem em inglês. O nome Plataforma escolhi não por ser um nome bonito, mas porque sou lançador de pessoas, antes de mexer com lançamento digital o meu coração falava, você vai lançar

5P - PLANEJAMENTO

gente. Não comecei para ser lançador digital, isso me fez ficar conhecido e aumentar o faturamento das empresas, mas nunca foi o meu alvo.

As coisas mudam, então você precisa ficar atento, o seu plano precisa ser redesenhado, senão vai prejudicar a sua vida e os seus negócios. Nunca imaginei que teria mais de um produto, acreditava que teria apenas uma palestra sobre "Gestão do tempo", esse era o plano. Comecei a aplicar treinamentos a partir dessa palestra e estava indo muito bem, no caminho percebi que deveria falar de inteligência emocional, ou seja, o plano mudou.

Nós somos barcos e estamos no mesmo oceano, o vento está igual para todos, mas você está dando ré, e nós estamos prosperando. O que você precisa fazer? Aprenda a ajustar a vela. Quando o vento muda, você precisa correr, desfazer o que estava arrumado e aplicar outro plano. Uma empresa é um barco a vela, o mercado é o vento. Se o vento não estiver a favor do que você quer, é fundamental fazer zigue-zague, ali você aprende princípios.

Troque os seus hobbies por aprendizados, não seja refém daquilo que você gosta. Crianças fazem o que querem. Adultos fazem o que precisa ser feito. Então, você vai dividir os 4 planejamentos: financeiro, operacional, estratégico e tático em uma palavra saiba explicar o que significa cada um deles. O financeiro é o lugar onde tem lenha, combustível. O planejamento operacional é onde tem os braços, os funcionários. O planejamento tático é onde tem o especialista. O planejamento estratégico é o governante que você põe à frente das empresas. Não é possível a mesma pessoa se responsabilizar por todas essas áreas, ela vai frear tudo e a empresa não vai crescer. Por exemplo, o financeiro, deve segurar recursos, geralmente, esse cara é chato, ele não é ousado, então ele não serve para estar à frente do planejamento estratégico, ele vai acabar com a empresa.

Por favor, vá cuidar da sua vida! O mundo real é dos empreendedores. Tenha paz nos negócios, caso contrário, você será dominado e controlado pelos outros. Vá ler a Bíblia todos os dias, vá tomar banho na água fria todos os dias, vá fazer exercícios, vá conectar com outras pessoas, faça *networking*, vá ensinar o que aprendeu. Você terá retorno, funciona.

Deus quer ver você fazendo o que Ele o dirigiu para fazer, o Propósito.

Tarefas:

1 - Você faz parte do grupo que acredita que na empresarização planejamento deve vir primeiro? Qual a maior lição que extraiu deste capítulo?
2 - Em sua empresa, em qual parte do planejamento você se encaixa: financeiro, estratégico, tático ou operacional?
3 - Na fase em que sua empresa se encontra hoje, dinheiro ou *network* resolveria sua situação financeira?

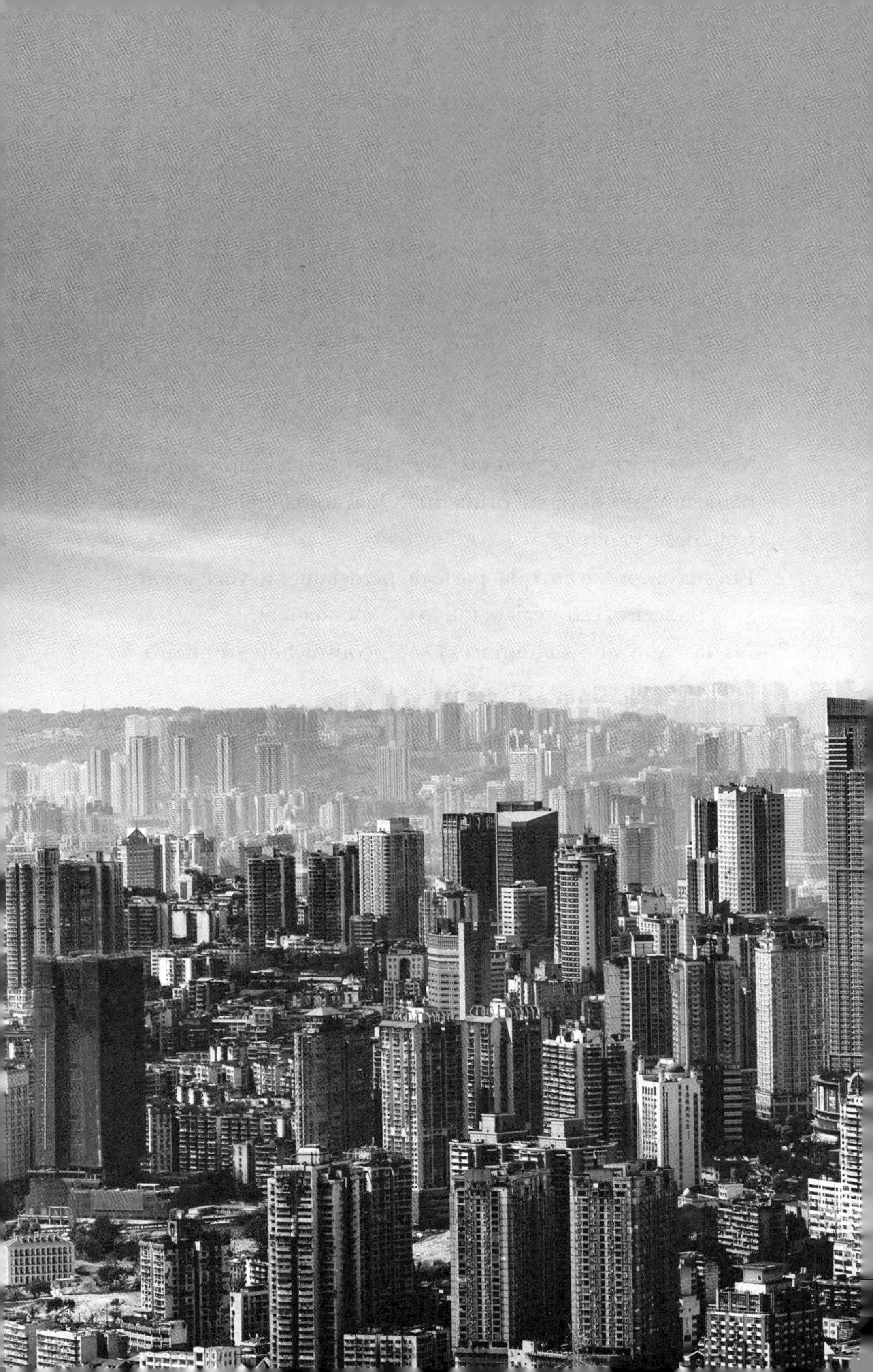

CAPÍTULO 6

PRODUTIVIDADE

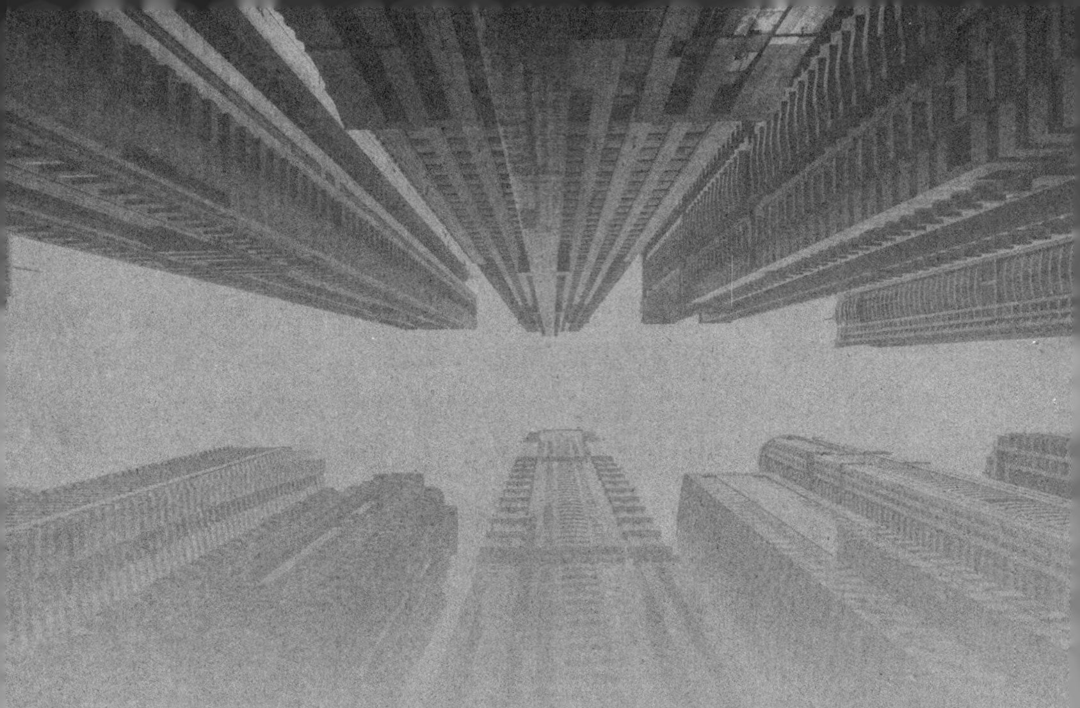

Para dominar, você precisa aplicar e ensinar outras pessoas. Se você está trabalhando numa empresa, já coloca data para sair.

Você vai empresarizar seu cérebro. Quando uma pessoa entende sobre produtividade, mais "treta" ela vai arrumar, pois vai encontrar formas de fazer e executar a frase que todos odeiam "Mais com menos". Isso significa que a **eficiência** é um princípio e tem um tripé: **Tempo**, **Qualidade** e **Custo**.

Há uma técnica para dominarmos sobre qualquer tipo de assunto, desenvolvida pelo físico americano Richard Feynman, consiste em quatro passos. Você pode aplicá-la para desenvolver os 7Ps da Empresarização, por exemplo.

• Escolha um assunto ou conceito. Escreva tudo o que você sabe sobre esse assunto, sugiro começar com o 1P - Propósito.

• Ensine sobre esse conceito para alguém que não conhece sobre esse assunto.

• Identifique as lacunas na própria compreensão e busque referências por meio de livros, palestras, pessoas que dominam sobre o conceito.

• Revise, organize e simplifique.

Se você aplicar esta metodologia todos os dias para os conceitos que você aprendeu, terá 365 novos conteúdos no final de um ano. Às vezes as pessoas dizem que não sabem sobre o que falar, o que ensinar. Aplique essa técnica e você vai se tornar uma máquina.

Quanto mais experiência adquirimos, mais rápido conseguimos fazer algo. Com menos esforço conseguimos entregar. A produtividade não é trabalhar como louco, é sim procurar fazer e conseguir concluir o que nos propomos a fazer.

Por exemplo: numa indústria, a pessoa me disse que não conseguia fazer mais de 30 mil peças por mês. Eu perguntei a ela o que deveria fazer se quisesse produzir 60 mil peças por mês, ao que me respondeu: "Eu tenho que comprar mais maquinário, tenho que aumentar o meu espaço". Então eu disse que a resposta estava errada. "Quantos funcionários você tem? Suponhamos uns

> **A eficiência é um princípio e tem um tripé: Tempo, Qualidade e Custo.**

30. Eles trabalham de que horas a que horas? Então, você tem que aumentar espaço e comprar mais máquinas?". Ele respondeu que sim e dei-lhe a seguinte instrução: "Sua resposta está errada novamente. Você vai usar o mesmo maquinário e o mesmo espaço, vai fazer uma escala de trabalho diferente e eu provo aqui na caneta que se você diminuir a carga horária de trabalho das pessoas e aumentar os turnos de trabalho, elas irão produzir mais e o tempo todo haverá produção".

São 24 horas por dia, dá para fazer três turnos. A pessoa ficou perplexa com essa orientação e finalizei o raciocínio: "Uma coisa é você falar que precisa aumentar espaço para ter mais colaboradores e todos trabalhando juntos, mas você trabalha somente um turno, outra coisa é trabalhar três turnos ininterruptos".

Com entendimento sobre produtividade, conforme exemplo acima, a pessoa tem capacidade volumétrica, usa 30%, o que ela precisa é ajustar a carga de trabalho, assim ocorre o aumento da produtividade.

Ter a mente produtiva fará com que você entenda que a capacidade para aumentar a produtividade não é aumentar a carga de serviço, é calcular qual é a volumetria máxima da Indústria. No exemplo que dei, foi possível fazer 3 turnos com o mesmo maquinário, no mesmo espaço. Se você não estudar uma forma de ser mais produtivo, ficará refém disso.

Qual a volumetria? Por exemplo: eu fiz muita automação de processos, já falamos a respeito. Automação é automatizar o que eu gastava horas para fazer, e comecei a fazer de um jeito di-

> **Se a pessoa confundir produtividade com trabalhar muito, ela vai se estressar.**

ferente e esse jeito diferente me deu mais resultados e fazendo com menos energia.

Quando eu era supervisor de treinamento, minha função era entrar na folha de pagamento todos os dias e nas folhas dos alunos, diariamente, aluno por aluno; era algo ridículo. O fato de me irritar com aquilo me despertou para criar uma automação.

Eu tinha que entrar e colocar a presença de uns 300 alunos, 500 alunos, um a um, todos os dias. Eu gastava de duas a três horas do meu dia com aquilo, uma atividade enjoada, mas que era necessário fazer.

Eu ficava olhando, sentado junto de um supervisor numa ilha, todo mundo pondo presença. Analisando toda essa função, entendi que de 300 alunos, 12 não compareciam todos os dias. Criei uma automação que fazia esse serviço de assinalar a presença, verificando os que não vieram e assinalando no manual.

Assim, eu criei uma automação, uma macro que se chama *visual basic*. Era interessante que os amigos sentados ao meu lado continuavam trabalhando três horas naquilo e eu apertava dois botões e estava resolvido, de três horas, reduziu para cinco minutos aquela atividade.

Eu, Pablo, tenho horror de perder a minha produtividade com tarefas burras, principalmente tendo tecnologia à disposição para automatizar. Então, o que é produtividade? Você quer ser 100% produtivo e falou que vai fazer um trabalho em duas horas, seja 100% produtivo nessas duas horas, se falou que vai fazer em dois minutos, faça 100% nesse tempo.

O aprendizado só vem com resultado, quando a produtividade é ensinada para uma pessoa na empresa, orientando-a a ter foco, a fazer com que as pessoas tenham pausas durante o dia de trabalho. Pausas aumentam a produtividade.

> **Produtividade não é excesso de carga, é cumprimento daquilo que você falou que iria fazer.**

Se a pessoa confundir produtividade com trabalhar muito, ela vai se estressar, e a ponto de entrar num processo em que não vai querer realizar a mesma tarefa. Então, ser produtivo precisa ser ensinado, destravado, tem que mostrar que produzir mais é dar mais resultado em menos tempo. Desta forma, o profissional vai crescer como pessoa e ser mais rápido. Pratique com seus funcionários.

Produtividade não é excesso de carga, é cumprimento daquilo que você falou que iria fazer. Isso é ser produtivo. Qual é o grande problema que eu percebi? Até tenho um recorde na Brasil Telecom (OI), saí de lá em 2013, estou falando de dez anos, em 20 de julho vai completar dez anos que eu saí daquela companhia. O que acho interessante é que existem coisas que eu não fico acompanhando, mas de vez em quando, aparece

O segredo da produtividade é fazer com que as pessoas da equipe aprendam a ser produtivas.

uma pessoa e me conta. Há coisas que ninguém conseguiu bater o meu resultado lá. Daí eu pergunto: qual é o segredo? **O segredo da produtividade é fazer com que as pessoas da equipe aprendam a ser produtivas.**

O erro nas empresas é que todo mundo exige produtividade com chicote na mão e nesse engano as pessoas instalam na cabeça delas que ser produtivo é ruim. Outro erro nas grandes e nas pequenas empresas é fazer com que as pessoas tenham produtividade dando-lhes iscas (dinheiro). "Beltrano, se você bater resultado, vou lhe dar tal quantia". Nós precisamos mudar a mentalidade, ela precisa ser mais produtiva para crescer como pessoa.

Tem gente que quer aumentar a produtividade com bônus; e não é isso! É com regulação de propósito, pare e pergunte a cada um dos seus colaboradores: "Por que você vem aqui todos os dias?". A maioria responderá que é porque tem que pagar a conta do aluguel. Cada pessoa terá os seus porquês, se esse é o seu porquê, você não sairá da fase em que está. Pergunte-lhe: "Você não está a fim de aprender algo novo e ter a sua empresa um dia?".

Essas perguntas ajudam a regular a produtividade da pessoa. Então você poderá detectar as pessoas que fazem as suas obrigações e as que fazem as extras obrigacionais. Quer saber qual é a diferença?

A pessoa que faz a obrigação recebe salário por mês. A pessoa que faz o extra obrigacional crescerá mais rápido do que ela imagina. Então, ir além do que você é obrigado fará você crescer mais rápido.

Quando as pessoas entenderem, vão querer fazer, vão querer entrar nesse jogo, e com isso dobrarão ou triplicarão a produtividade. Vou explicar o porquê. Porque ela começa fazer coisas de que gosta. Quando você coloca a pessoa para fazer o que ela gosta, ela produz mais.

Um psicólogo de origem croata, o Mihaly Csikszentmihalyi, criou a teoria do *flow*, é uma prática que o cérebro entende e entra num estado de energia, prazer e foco, quando a pessoa realiza uma determinada atividade que ela gosta. O que acontece? A pessoa triplica a produtividade.

Qual é o problema nesse caso? Em torno de 77% das pessoas no mundo fazem aquilo de que não gostam. Você diz: "Nossa, mas a gente tem até foguete que dá ré." Nós não, o Elon Musk. Nunca esqueça que a tecnologia da Tesla é da Tesla, você pode pagar para usar, mas não é sua.

Entenda: fazer o que você gosta triplicará seus resultados. "Então, vou fazer somente o que gosto?" Isso, não vai triplicar os seus resultados, tem a ver com produtividade. Fazer o que você gosta vai fazer você produzir mais.

Você pode odiar o inglês, pode estudar 10 anos e não vai aprender. Você pode amar o idioma, e aprender em três meses e estará falando com certa fluência. Dependendo do jeito que você se conecta com algo, isso aumenta a produtividade. Você já entendeu que é preciso aumentar a produção de um setor, então goste desse negócio.

Como é que vou começar a gostar de um determinado setor? Eu lhe ensino. Crie um ponto em comum, pois nós temos aversão em relação àquilo com o qual não dominamos. Crie um ponto de conexão e verá que as coisas mudarão bem rápido. O que nós precisamos de fato é começarmos a entender como fazemos para produzir e internalizar. E só então poderá afirmar: "Ei, eu realmente gosto disso!".

Para gostar de quiabo, jiló e coisas que às vezes não são tão gostosas para o seu paladar, é somente repetir e fazer cara de quem está gostando e falar que é uma comida boa, repita isso até você dominar. Pronto, gostou! Você pode falar que não gosta de ler, mas se você pegar um livro, ler e explicar para os outros, transbordar informações, você vai gostar porque entendeu que traz benefícios.

Se colocar uma pitada de diversão, aumentará a sua produtividade, se a pessoa está produzindo, ela vai ficar mais criativa se divertindo. Um dos tripés da criatividade é a diversão, então entenda que a produtividade está ligada ao *lifestyle* da pessoa.

Salomão falava que quando você pede uma coisa para um preguiçoso, é como jogar vinagre nos dentes e fumaça nos olhos; isso é uma analogia para dizer que tal situação leva a pessoa a gemer. Todas as vezes que peço alguma coisa para um preguiçoso, eu

A palavra **POBREZA** vem de improdutividade. A palavra **RIQUEZA** vem de produtividade.

penso, vinagre nos dentes e fumaça nos olhos. Não significa que a pessoa tenha produtividade baixa, ela é improdutiva e a improdutividade é igual à pobreza.

A palavra pobreza vem de improdutividade. A palavra riqueza vem de produtividade. Quem são os homens mais ricos do mundo? São pessoas que têm uma cadeia produtiva. Quem são os mais pobres? Quem não tem produtividade com nada. Lembre-se: se a sua mão produz, você recebe igual a todo mundo, se a sua cabeça produz, você receberá mais, proporcionalmente.

Porque existem pessoas que ganham R$1 milhão por mês? Outros ganham R$100 milhões e há quem ganhe R$1 bilhão por mês. Por que isso acontece? Porque essa pessoa parou de fazer com a própria mão e foi para o nível 2 e começou a pagar a mão dos outros, depois vai para o nível 3, pagando a cabeça dos outros.

Como assim? **O primeiro processo é com a própria mão, o segundo processo é empreender, quando uso a cabeça e pago a mão do outro, o terceiro processo é investir na cabeça daquele que investe na mão.** Observe a diferença dos níveis: **mão / cabeça/ quem** está por trás disso.

Sugiro para os empresários sempre terem desafios no seu negócio, dessa forma as pessoas ficarão mais produtivas. Um fator interessante nos Estados Unidos, em relação ao Brasil, é que o americano é mais produtivo do que o brasileiro 2.5 vezes, e eles não trabalham mais do que a gente. Eles produzem mais. **Produzir é diferente de trabalhar.**

Produzir é diferente de trabalhar.

Eles criam métodos nos quais se esforçam menos e dão mais resultados. A diferença está nisso. Então o que precisamos fazer? Ter uma sequência lógica dos processos.

• Tenha uma definição do processo ou do fluxo do trabalho bem definido. Se você não tiver clareza nisso, a produtividade da empresa cairá.

• Tenha suporte ou ferramenta adequada. Lembro quando era atendente de *call center*, em 2005, havia uns computadores que travavam o tempo todo. Naquela época eu li num livro que se a sua empresa é uma carroça, os seus funcionários são carroceiros. Se você quer que os seus funcionários produzam, dê ferramentas de verdade nas mãos deles.

• Colaborador insatisfeito vai se engajar menos. Uma empresa sem missão, sem visão, sem valores bem definidos vai diminuir a potência. Uma coisa que deixa um colaborador insatisfeito é não ter "desenvolvimento de carreira". Outra coisa que gera insatisfação são os benefícios. Foque em melhorar sempre esses benefícios, não salários. Prepare uma sala de descompressão, uma sala de jogos. Traga benefícios para que eles se sintam importantes. Muitas vezes você não pode pagar um palestrante para ir à sua empresa, mas pode parar a empresa para que as pessoas possam assistir a uma palestra *on-line*, diga que você está investindo no crescimento delas; elas serão gratas por isso. Você pode selecionar inúmeras palestras e uma vez na semana agendar um horário para que elas assistam. Elas verão o valor desse benefício.

Todas essas atitudes aumentarão a satisfação do seu colaborador e a produtividade do seu negócio. Invista no relacionamento de colaboradores e gestores, faça eventos de descontração, de descompressão, faça essas pessoas darem certo fora do ambiente de trabalho também. A maior parte do tempo útil da pessoa é dentro da empresa.

Na nossa empresa, a gente faz até culto ao Senhor. Eu não faço para aumentar a produtividade. Eu faço porque é o meu *lifestyle*. Por várias vezes, tivemos reuniões com duração de 10 horas, é como um culto. Ter momentos como esse é uma prioridade, é tão forte que as pessoas falam: "É por isso que eu vim para este lugar, porque aqui é diferente".

Se você quer ser produtivo, invista no ambiente de trabalho, quanto melhor o ambiente, mais produtivo. Tenha atenção para a climatização do lugar, a iluminação, a higiene do lugar, isso faz toda a diferença. A higiene aumenta a produtividade, a luz no ambiente aumenta a produtividade, conforto para produzir aumenta a produtividade. Às vezes você investir numa cadeira melhor para o seu funcionário, aumentará a produtividade dele. Isso é importante e não pode ser você o dono da empresa que vai atrapalhar a produtividade.

A minha cabeça era dura mesmo para isso, eu falava assim: tem que produzir! Não! As pessoas precisam estar bem para que não arrumem desculpas para baixar a pressão do negócio.

Como se destrói a produtividade? Com deficiência na comunicação.

Então, se a sua empresa trabalha com carroças, significa que não tem investimento. É fundamental ter ferramentas boas, ambiente bom, higienizado, e cuidado com coisas que vão "estragando" e você não arruma, isso também diminui a produtividade do negócio.

Como se destrói a produtividade? Com deficiência na comunicação, se não for boa, vai desarmar a produção. As pessoas sempre ficarão com o pé atrás, ficarão inseguras. **A comunicação precisa ser clara.**

Busque treinamento. Se a sua empresa tem dois colaboradores, crie treinamento, ou você mesmo dê o treinamento, ou chame um palestrante que está começando na vida, chame-o uma vez ao mês, ele irá de graça, com certeza absoluta.

Eu comprei cinco móveis iguais para a minha casa, são nichos para guardar brinquedos. Gosto de cronometrar o tempo para criar processos. Então montei o primeiro, com o manual. Depois montei o segundo, nesse nicho, eu já tinha os processos elaborados, faço assim, assim, aqui e ali, já fiquei mais produtivo nessa montagem. Do terceiro para frente, veio um colaborador, eu treinei-o, passei os processos e as definições para ele fazer com o máximo de eficiência. Para ser mais produtivo, você precisa delegar funções e treinar as pessoas.

Há uma frase do exército brasileiro que é muito boa. **"Quanto mais suor derramado em treinamento, menos sangue será derramado em batalha". Treinar faz a diferença.** Treinar aumenta a produtividade. A empresa tem diretrizes? Sim. As pessoas estão descumprindo essas diretrizes? A produtividade da empresa vai cair. Se você tem uma política na empresa, escreva em uma folha a diretriz e ela deve ser muito clara, é o primeiro passo.

Em todas as minhas empresas as pessoas me chamam de pão-duro. O que acontece? Eu vou reformar um lugar e precisa instalar um vaso sanitário, tenho uma Central onde é guardado tudo o que tenho de coisas que servem para novas obras, pedi para o colaborador verificar, é uma pessoa nova, alguém não treinou e ela diz: "Precisa comprar um vaso." Eu falei que havia 12 vasos sanitários lá. A pessoa me fala que os vasos são antigos. Eu orientei para comprar sabão em pó, bombril e providenciar a limpeza. E disse: 'Você falou muito bem, é antigo e as coisas antigas são as que mais valem, se fosse velho, eu tinha jogado fora, é antigo mesmo, pode usar'.

Certo dia, me ligaram dizendo que precisavam comprar alguns metros de madeira para dar continuidade a uma obra. Eu falei: "Vá atrás do galpão, lá tem as madeiras que você está pedindo". A minha cabeça é de gestão de recursos eficiente. As diretrizes são: não gaste recursos sem antes checar a disponibilidade do material na empresa.

As pessoas que não entendem de recursos vão gastar o dinheiro todo e na hora de desfrutar não vai ter. Eu penso na produtividade a longo prazo. Então, é sobre ser ajustado quanto aos recursos. Desfrute é retorno, eu fico mais produtivo se estiver desfrutando.

Com confiança e segurança no ambiente de trabalho, a sua produtividade vai aumentar. O que faz termos segurança chama-se indicador. O que é isso? É um painel de instrumentos que mostra a velocidade em que estamos, o tanto de combustível, quantos quilômetros percorridos, a seta, luz do farol, da lanterna, do freio, ou seja, mostra o que está acontecendo. Não ter ferramentas de mensuração faz com que a produtividade caia. Ou seja, ter a quantidade medida vai fazer você aumentar o resultado.

Agindo assim, logo são percebidas as brechas de improdutividade, e o que deverá ser ajustado e quem não quer trabalhar, pessoas que não têm o mesmo *lifestyle*, que são improdutivas, precisam ser demitidas.

Não ter instrumento de mensuração faz cair a produtividade. Quando eu tenho um controle de produtividade, o que faço? Eu mando embora quem não quer ser produtivo. Quando eu mando uma pessoa embora, estou gerando prejuízo para a empresa, e eu tenho que transferir esse prejuízo para a área de contratação.

Presta atenção no que estou falando, preciso transferir esse prejuízo para área de recrutamento e seleção. Essa área precisa aprender a contratar. Eu tenho que fazer perguntas sobre produti-

Tem que ser uma cultura empresarial, exaltar quem é produtivo e demitir quem é improdutivo.

vidade, tenho que corrigir isso na hora de contratar.

Então o fato de mensurar mostrará que vou mandar embora quem é improdutivo, terá que ser uma cultura dentro do negócio, **tem que ser uma cultura empresarial, exaltar quem é produtivo e demitir quem é improdutivo.**

Você pode ter dó da pessoa e dizer que ela precisa de uma chance. Eu lhe falo: "Mandar embora é uma chance nova que você está dando a ela." Várias pessoas não crescem por causa de dó. Você tem que enxergar que se o improdutivo continuar trabalhando na sua empresa, o coitado é você que o deixa lá e não está cumprindo o seu propósito. Permita que essa pessoa encontre uma empresa do nível dela.

Eu amo dar uma segunda chance para os outros, mas em outro lugar. Deixe-a sair. **Há empresas que não prosperam porque têm os funcionários errados. Existem negócios que não avançam porque estão com as pessoas erradas.**

Veja um time de terceira divisão do Campeonato Goiano no Brasil e troca todos os jogadores pelo Barcelona; desmonta o Barcelona e coloca todos os jogadores para jogar lá, com a mentalidade que eles têm do interior de Goiás, terceira divisão do Campeonato Goiano.

Com esse time no Barcelona, o peso da camisa vai mudar o quê? Aquela torcida vai mudar o quê? Não vai mudar nada! Sabe por quê? Devido à mentalidade produtiva, aquela galera está começando agora, não adianta, vai tomar sufoco, vai perder todos os jogos. Por que grandes times trazem esses grandes fenômenos? Por conta da produtividade, criam uma imagem forte e põe todo mundo para subir no nível daqueles caras, se não for, será demitido. Então não contrate pessoas que não têm o mesmo propósito que a Companhia

Aonde eu chego, digo exatamente qual é o meu propósito. Quem se identifica logo se manifesta, e os que não se identificam vão embora, ou seja, é perfeito!

O que você vai ganhar sendo mais produtivo? Você economiza com gastos na companhia. Quanto mais produtivo, menos gastos. Você vai ter controle sobre as informações.

O que precisamos para essa produtividade explodir? É importante definir o fluxo de trabalho, usar ferramentas eletrônicas de gerenciamento. Pare de usar caneta e papel para controlar. Se você for da era da planilha, ainda estará ruim. Você precisa controlar isso automaticamente. Treine o seu time.

Sabe o que eu fiz para bater a produtividade? Cheguei um dia na empresa Brasil Telecom e enviei um e-mail informando que gostaria de receber investimento para instalar uma televisão em cada ilha, colocar TV a cabo, jogos eletrônicos etc. Fiz uma lista e para comprar tudo que relacionei não chegava a R$50 mil. A solicitação foi negada.

Não fiquei me lamentando, decidi que resolveria a situação. Chamei os meus 1100 colaboradores, passei de área em área, tinha 24 horas de operação. Eu falei: "Gente, eu tenho uma proposta para vocês, eu quero fazer a vida de vocês melhor. É chato demais ficar atendendo e sendo xingado o tempo todo. Vocês concordam? Vocês querem que a vida de vocês melhore?". Eles responderam que sim e sugeri que durante 30 dias fizéssemos nossa própria comida.

Sem entender, eles me perguntaram o que isso significava. Eu expliquei e disse que não deveriam comprar comida em lugar nenhum em volta da Brasil Telecom, pois compraríamos a que fizéssemos na empresa.

Eu quase fui demitido devido a esse episódio. Nós comprávamos 50 caixas de pizza e falávamos que todo o lucro seria revertido para nós mesmos: "Vamos trazer benefícios aqui para dentro". Para colocar em prática a ideia, tive que quebrar algumas regras. Não podia comer na mesa de trabalho. Então falei: "Se comprar essa comida aqui dentro, pode?". Eu levei uma advertência gigante, fiquei 30 dias quebrando regras.

Até que recebi uma ligação em que perguntavam se eu havia autorizado entrar botijão de gás na empresa. Sim, eu autorizei a entrada de um botijão de gás escondido para fazer uma galinhada dentro da empresa! A coisa começou a funcionar, começamos a ter sintonia, fizemos combinados. Separamos equipes para fazer comida para um batalhão de colaboradores. Resumindo, em menos de um mês, arrumei o dinheiro para fazer tudo que eu queria. Eu comprei cinco máquinas de fliperama, uma máquina de basquete eletrônico, comprei uma televisão para cada ilha. Eu mesmo comprei e passei o cabeamento. Então, encerrei a venda da comida.

Depois dessas aquisições, liguei para a empresa e pedi a instalação das televisões. Mais uma vez a resposta foi negativa. Mas eu tenho algo comigo, nunca paro por causa de um "não". Eu perguntei aos colaboradores: "Quem entende de instalação?" E ninguém entendia. Então passei a madrugada inteira fazendo a instalação, mais de 400 metros de cabo fio RCA. Quando os colaboradores chegaram no outro dia, as máquinas de fliperama estavam instaladas, o saco de pancada, o basquete eletrônico, tudo estava instalado. Eles se assustaram, e eu lhes garanti que a vida deles seria outra a partir daquele momento. E foi isso que aconteceu. Foi o período em que bati os melhores resultados dentro do *call center*.

Usei a seguinte estratégia: "Amanhã vai passar tal filme e se vocês enrolarem com os clientes e subir o tempo médio operacional, vou cortar o filme". Desta maneira, estava acontecendo o atendimento, o filme estava no ápice, daí eu olhava (coloquei uma assistente somente para fazer isso), se o resultado estivesse ruim, eu falava: "Avisa que em dois minutos vou cortar o filme, se o resultado não melhorar."

A fila descia na hora! 'Fila' eram as pessoas que estavam aguardando para serem atendidas. O resultado foi tão expressivo que o vice-presidente mundial em Portugal, Bruno Espírito Santo, ficou sabendo e veio para ver o que estava acontecendo e perguntou o que eu estava fazendo. Eu pedi que ele viesse ver pessoalmente.

Na minha mesa, tinha uma câmera que me permitia trocar de imagem e me transmitir em todas as telas de televisão, e eu passava minha mensagem aos colaboradores: "Oh, gente, vocês estão de parabéns". O vice-presidente ficou chocado. "O que nós temos que fazer para colocar isso no mundo inteiro, nos nossos atendimentos?". Foi um negócio grandioso. Mas o resultado ninguém bate, porque eu conquistei o coração daqueles colaboradores. Eu peitei, quebrei regras, fiz muitas coisas e me dediquei.

Eu bati a produtividade. Disso eu entendo, o que eu estou falando para você é que você precisa conhecer as pessoas que trabalham na sua empresa. Eu peguei um por um e perguntei: "Qual é o motivo de você trabalhar aqui?". Não somente descobri o motivo de todos, como comecei a trocar o motivo de todos. Fui falando para todas as pessoas o porquê de elas estarem daquele jeito e por que tinham que mudar aquele motivo; deviam ressignificar.

Eu lhes expliquei que na empresa era o lugar em que eles poderiam construir a vida. Com isso, a produtividade foi aumentando, até que todos confiavam tanto que eu tinha uma equipe que menos faltava. Aqueles colaboradores eram muito esforçados, eles se dedicavam demais.

Como eles respondiam aos meus pedidos? O que aconteceu com a produtividade? Se você é líder em uma empresa, você e sua equipe se destacam automaticamente, você vai ser promovido.

Se a sua empresa é produtiva, você vai crescer e será líder em produtividade.

O que eu fiz? As máquinas para jogar, eu permitia para quem não tinha nota ruim em qualidade, o saco de pancada podia ser utilizado na pausa que a pessoa recebia quando não destratava o cliente. Então imagina, tinha que ter um resultado bom, não podia faltar de jeito nenhum, era necessário ter uma aderência muito boa, que é a produtividade no atendimento. Dessa forma, o colaborador ganhava um crachá para jogar.

As reclamações na Anatel, que davam multa de milhões para a Companhia, começaram a despencar. Eles perguntavam: "Como você conseguiu fazer isso?" Eu falei: "Fui honesto com todo mundo, a vontade que todo mundo tem é de xingar os clientes. Tem uns clientes que ligam aqui apenas para xingar e nós não temos nada a ver com isso. Combinei com a equipe de não retrucar, e, na pausa, eles pegariam a luva de boxe para espancar e xingar o saco de pancada, no lugar do cliente.

Era muito engraçado, o saco de pancada ficava perto da minha mesa. Para ter mais produtividade, primeiro você muda a cabeça das pessoas e depois a produtividade aparece automaticamente. Isso aconteceu de 2011 para 2012 e ninguém bateu os meus resultados!

Eu conto sempre essa história como exemplo, para incentivar a todos a fazerem o mesmo, mas infelizmente falta ousadia para muitos.

Sou alguém com iniciativa para fazer as coisas, quando as pessoas não resolvem o que eu pedi, eu mesmo resolvo. Eu enviava e-mail para a empresa de limpeza arrumar alguma coisa, e eles diziam que levaria um mês. Então eu combinava com os colaboradores de cada um contribuir com R$10,00, para comprarmos o material de limpeza e fazermos. Houve uma situação em que comprei produtos de limpeza para limpar uns mil computadores. Tomei outra chamada da empresa, eu sempre era chamado atenção.

O ambiente precisava estar limpo. Arrumei confusão porque queria aumentar a produção trazendo limpeza. Não podia comer na posição de atendimento. O que eu fiz? Apelei emocionalmente. Eu passei de mesa em mesa, pegando todo o lixo e o resto de comida. O povo achava que estava com advertência, mas eu o tranquilizava dizendo que estava tudo bem. Após recolher, joguei tudo no chão, em frente à minha mesa, parecia que tinha uma tonelada de lixo e escrevi: "Não adianta esconder, está todo mundo vendo". Esse lixo ficou lá por uma semana.

Resumindo: a minha equipe era a mais comportada em relação à comida.

Depois disso fui conquistando a confiança dos superiores. Nessa época eu tinha uns 70 supervisores e as pessoas vinham de longe, de outros estados do Brasil para saber como eu batia os resultados, mas lhes falava que quem batia os resultados eram os colaboradores.

Somente pessoas produtivas se sentem improdutivas

A estratégia é simples: faça o ambiente ficar mais limpo, mais leve; faça essas pessoas descontraírem; faça com que elas se divirtam o tempo inteiro e elas entregarão resultados. Eu sou bom em produtividade porque eu fiz escola nesse negócio. Se a pessoa estiver num ambiente higienizado, leve, com luz, com boas ferramentas, com medição, os resultados virão, todos gostam de ver resultados.

Para criar *storytelling* na cabeça da equipe, inventava moda o tempo todo. Colocava duas equipes para competir uma com a outra. Fazia campeonatos. Uma loucura o tempo todo, os resultados eram extraordinariamente melhores que os dos outros.

Espero que você tenha histórias para contar depois de ler este capítulo. Funciona no mesmo método. Coloque as pessoas num ambiente agradável, com relacionamentos que funcionam, que elas vão produzir mais. Quanto mais elas produzirem, mais você vai crescer. Ame produtividade porque as pessoas que vão andar com você também vão amar esse negócio. Não sei como você se sente, mas se sente improdutivo todo dia, isso é um bom sinal. **Somente pessoas produtivas se sentem improdutivas**, sabia disso? Porque gente improdutiva não tem esse sentimento, só os produtivos se preocupam com a produtividade. Quero que você vá cuidar da sua vida, aprenda a estabelecer esses indicadores para o aumento dessa produtividade, para ser mais estratégico, para aumentar a sua capacidade, para você expandir, aumentar qualidade, aumentar lucratividade, para que você seja uma pessoa e uma Companhia mais competitiva.

Quanto mais produtivo, mais governante você é!

Vá se expor! Vá prosperar! Vá cuidar da sua vida!

Tarefas:

Neste capítulo você aprendeu que a produtividade de seus colaboradores está associada a diferentes fatores, entre eles, trabalhar em um ambiente limpo, agradável e divertido. Faça uma reflexão e analise como estão os diferentes ambientes de sua empresa. Caso precisem de mudança, relacione-as abaixo e apresente as ações para cada mudança a ser realizada. Se você ainda não tem uma empresa, aproveite para descrever como será o ambiente em que seus colaboradores irão produzir.

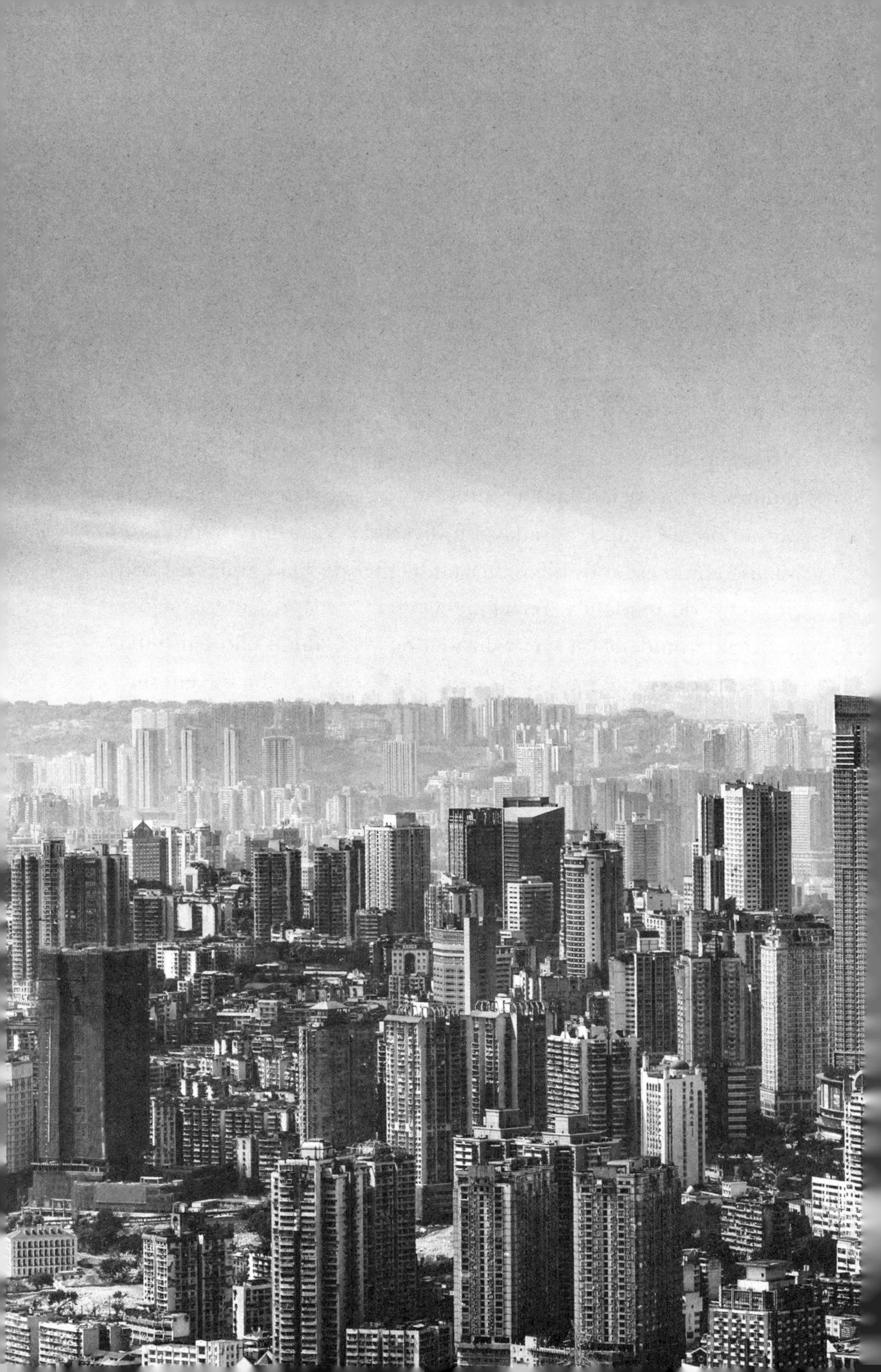

CAPÍTULO 7

PROPAGAÇÃO

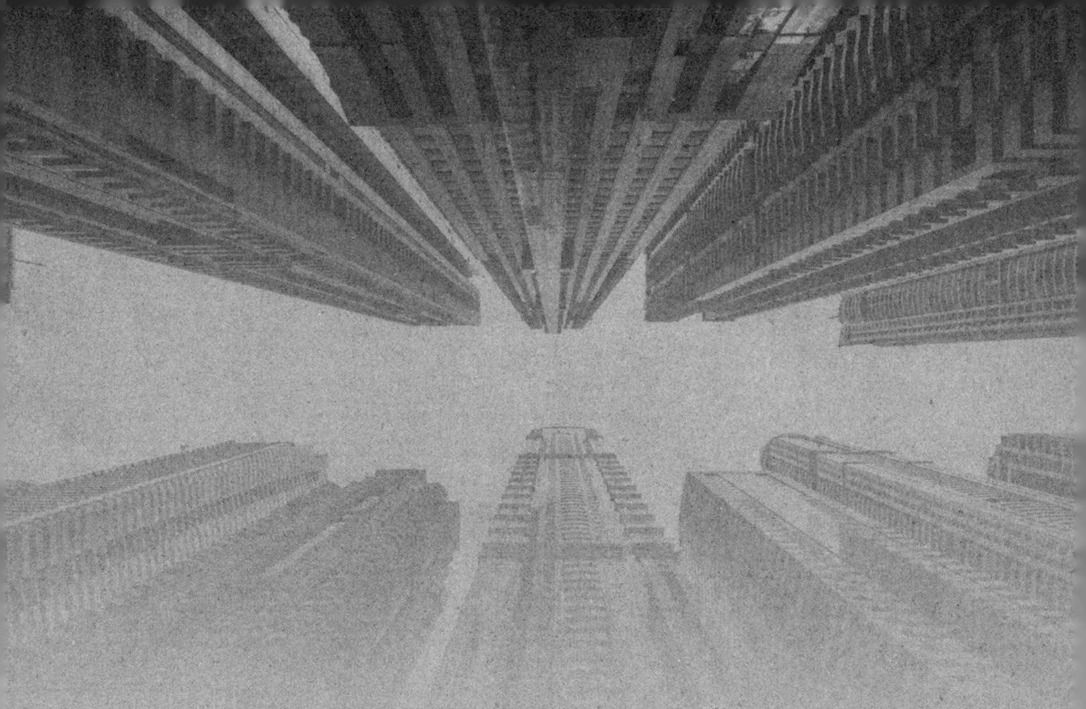

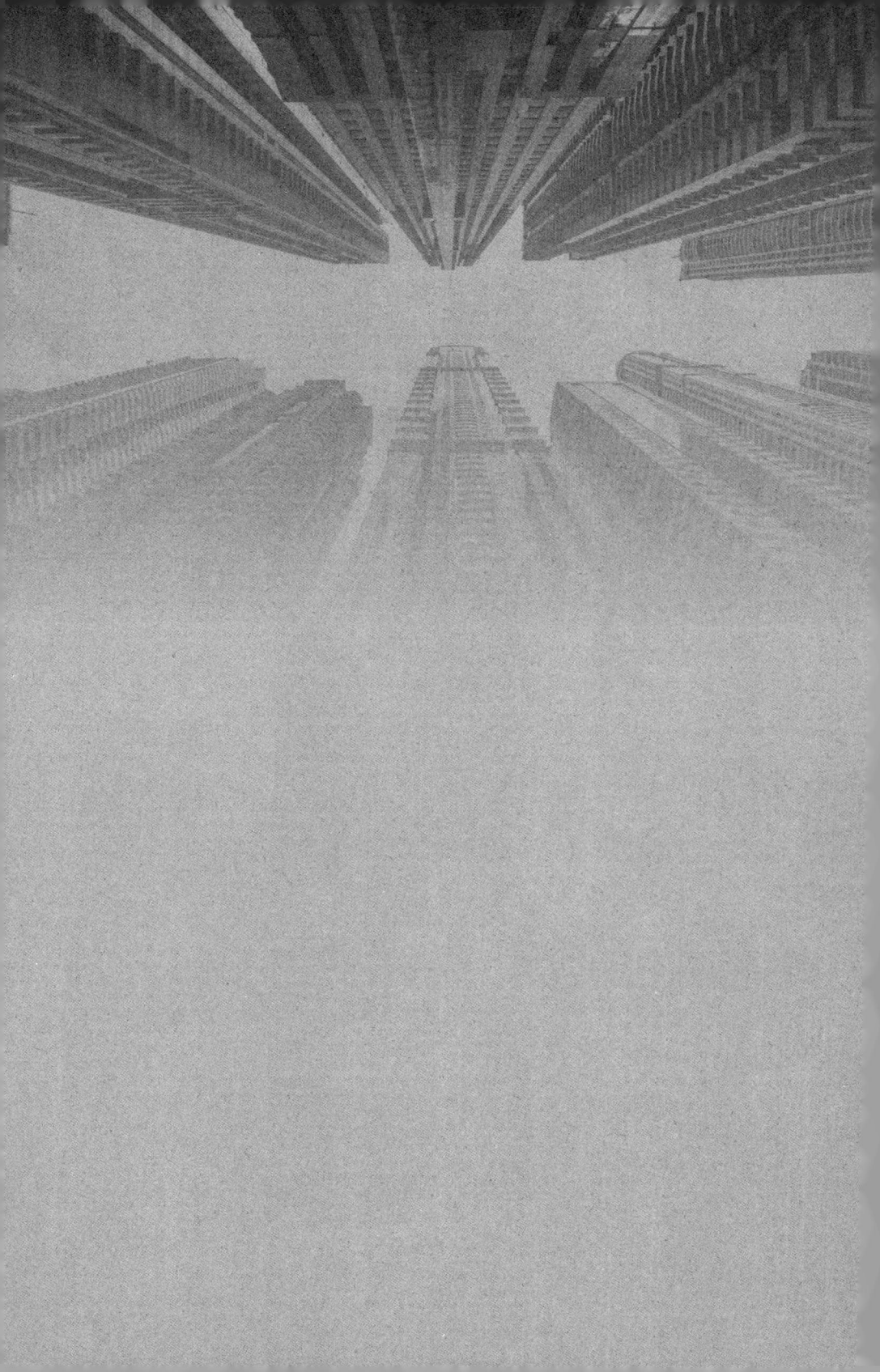

Este é o sétimo P da empresarização. Ninguém começa nada sem propósito, ninguém pode fazer uma faculdade falando em lucro, se fizer dessa forma, já começa errado. Se é um sonho, desde pequeno, está errado. O sonho que está na sua mente foi uma pessoa que colocou, um filme ou uma situação. Não faça porque você sonha, faça o que o seu coração queima.

O propósito está no coração, você precisa testar para funcionar, depois definir um produto, depois recrutar pessoas, montar processos, planejar, fazer escalas de produtividade e, por último, fazer a propagação.

Se você entender esses sete passos, não tem como sua empresa não funcionar. O que é a propagação? É multiplicar por uma via, produzir e fazer com que pessoas falem disso. É difundir e tornar conhecido, é a famosa 'propaganda'.

Não sei se você sabe, mas à noite o som propaga mais. Se alguém fizer uma festa beirando o rio, esse som vai mais longe pois a água ajuda a propagar. Quando você começa a olhar as caixas de som, você vai perceber que 99,9% delas são pretas porque a cor ajuda na absorção do som. O cinema é escuro por conta disso, quanto mais claro é o ambiente, mais atrapalha o som. Quando você começar a entender de propagação, você vai usar os recursos para fazer isso e ir mais longe. Falar para uma multidão com um microfone vai aumentar a potência, isso se chama **amplificação**.

Entenda, **a propagação criará amplificadores para chegar a mais gente.** Seu nome será soprado em lugares mais distantes. Eu desconheço na história da humanidade algo tão poderoso, para propagar, do que a internet. Não existe!

Você pode me perguntar: "Você prefere investir R$1 milhão em uma propaganda no Jornal Nacional ou prefere fazer R$100 mil de tráfego?" Entre um ou outro, você pagando e não eu, continuo escolhendo pagar R$100 mil em tráfego pago.

Por quê? Porque eu propago no grupo que eu quero. Lá no JN, vou ficar conhecido, e posso gastar R$1 milhão e não vender R$1,00. Já investir R$100 mil no tráfego pago eu posso faturar milhões. O meu recorde é de R$200.000 investidos em anúncios e faturamento de R$32 milhões. Não é propaganda, é propagação.

O segredo da propagação não é ser visto, é ter autoralidade.

É fazer, servir, gerar valor, fazer coisas e coisas que as pessoas experimentam, vivenciam, e não param de falar. Então, toma uma proporção que não há nenhum veículo de comunicação que possa suportar. Alguém já viu propaganda de iPhone? Raramente você vai ver da própria empresa. O que você pode ver são os membros da tribo fazendo propaganda. Preste atenção: Os membros da tribo propagam a marca, são os defensores. Quando você descobre o que é esse negócio, percebe que, realmente, quem não é visto não é lembrado".

Você precisa ser visto. Não é serviço. Vamos ressignificar essa frase **"quem não é comentado não será lembrado". O segredo da propagação não é ser visto, é ter autoralidade.** Vou usar o nome mais comum, propaganda.

O que ajuda não é ser visto, é ser comentado, é ser lembrado. Vou lhe dar alguns exemplos que você pode entender e ajudar a propagar: Elon Musk foi apresentar uma caminhonete blindada, fabricado pela sua empresa. Ele pegou uma esfera de aço, na apresentação, jogou no vidro da caminhonete, e o vidro quebrou, ou seja, ele deu uma marretada e o vidro quebrou.

A mídia mundial caiu direitinho. Isso é coisa de gênio, até os caras que mexem com isso criticaram sem saber o que estava acontecendo. O que ele fez? Ele prometeu que ela era blindada, deu pedrada no vidro e quebrou, com isso a caminhonete foi vista por 90% do mundo.

Ele fez de propósito e todo o mundo divulgou a cena, que parecia ridícula, mas foi uma estratégia de divulgação da marca e da caminhonete dele. O mundo inteiro ouviu falar do moço de graça. Eu amo isso! Foi uma doideira, todo o mundo comentando a cena!

O mais engraçado é que você pode criar situações polêmicas como essa, criar memes. Você pode fazer com autoralidade, mas o que você não pode fazer é ficar sem usar os mecanismos. Por exemplo: você pode me ver fazendo um vídeo de comida que eu falo ao *filmmaker*: "Deixa eu fritar os ovos primeiro e depois colocar o bacon por cima." Você vai ver a quantidade de comentários que vai ter. Esse é o melhor vídeo que eu já fiz no Instagram. Eu sugiro que você faça. Faça o que todo mundo quiser ver, mas encontre mecanismos para que isso encontre mais distância, propagação.

A propagação pode ser paga ou gratuita. Se você é uma pessoa famosa ou não, você tem a capacidade de fazer. Estamos falando do homem mais rico da Terra, isso significa que existem meios de propagação. Se você for muito diferente de todo mundo, já está se propagando. Se você for autoral, coloque frases autorais para as pessoas se lembrarem de você. Lembranças geram propagação.

Há produtos que geram lembrança. Há marcas que estão no nosso coração porque divulgaram demais. Por isso, as maiores marcas têm uma propagação pesada, não apenas em um canal. É necessário propagar por vários meios, e o melhor meio de propagação é onde existe a atenção das pessoas.

E onde a atenção das pessoas está hoje em dia? A atenção está na internet, que é o melhor lugar do mundo para propagação. Algumas pessoas falam: "Eu não trabalho para mim, eu trabalho para os outros". Você sempre vai trabalhar para os outros. Você vai trabalhar para alguém que paga a você um salário ou vai trabalhar para várias pessoas que estão ouvindo o que você se propõe a fazer.

Você precisa propagar. **Se a Bíblia não fosse escrita, como a mensagem iria se propagar?** Se no final do livro de Mateus 28 não estivesse escrito: *"Ide por todo mundo e pregai o evangelho"*, Como nós iríamos entender o que aconteceu naquela época? Se eles não tivessem pregado e escrito, como a mensagem teria chegado aqui?

O que a gente precisa fazer é simplesmente criar mecanismos para esse negócio continuar. Observe que a mensagem do Reino é pouco propagada. A mensagem da salvação é mais pregada. Jesus falava o tempo inteiro no Reino. Por que muitas vezes não governamos? Porque a mensagem do Reino não está sendo propagada.

A mensagem foi escrita, você também precisa escrever. A Bíblia foi pregada, você também precisa fazer isso. A Bíblia foi pregada verbalmente, você também precisa fazer isso para que a mensagem chegue aos lugares. **A Bíblia gera transformação, você precisa gerar também.**

Entenda, pegue o modelo que funciona, o modelo que traz transformação, então você vai mexer demais com as pessoas. Muitas pessoas dizem: eu quero falar no estádio, mas por que você não fala para poucas pessoas primeiro? A maior propagação vai falar por si só, que gera mudança e transformação.

A Bíblia gera transformação, você precisa gerar também.

Entenda, o *marketing* boca a boca é muito bom, o problema é que esse boca a boca virou virtual e na hora que você acertar uma veia, acabou, não tem mágica. No *marketing* digital é a inteligência de dados que comanda, saber usar os dados é muito importante e você tem que saber usar as ferramentas certas.

Senão, você vai jogar dinheiro fora, isso é fácil de fazer. Um dia uma pessoa que trabalhava para nós apertou um botão errado e colocou uma propaganda nos *displays* de alguns sites. Em poucos minutos ele gastou R$ 400 mil e não voltou nada. Foi jogado no lixo.

Alguns vieram me falar, respiramos fundo e eu falei: "Aprendeu? Você não sabia?" Ele respondeu? "Não." "Toca aqui, olha para a frente". Ele olhou para mim e falou: "Você vai me cobrar pelo resto da vida". Eu disse: "Não faça isso mais".

7P - PROPAGAÇÃO

Que escola foi essa? Então, o que a gente precisa entender é que essa virtualização faz o negócio ficar mais forte. Aprenda ferramentas de mensurar, testar para propagar. É necessário fazer muitos testes.

Lembro-me de um influencer que falava muito mal das pessoas para crescer no Instagram. De repente, ele mudou o foco e começou a falar mal de outra coisa, agora ele está falando mal de 'mulher folgada', que só quer usar os homens. Ele cresceu dessa forma, falando mal dos outros.

Ele virou uma chave e os programas dele cresceram 20 vezes mais. O que está acontecendo é que as mulheres estão indo lá, intrigadas. Ele fez algo que ninguém nunca criou. São duas vertentes, as pessoas que vão amar e as que vão odiar. O que ele está fazendo? Está fazendo testes.

Eu não digo se ele está certo ou errado, mas eu acredito que se você fizer tudo o que se propõe de verdade com o coração, vai dar certo. Precisamos criar canais de tração, por exemplo, você pode ter um carro, mas se ele não estiver tracionado para a pista certa, você terá problemas. São três tipos de tração: dianteira, traseira e quatro por quatro. Os carros mais antigos tinham tração traseira. A tração dos carros mais novos é dianteira. Os carros de corrida têm tração 4x4.

Se você perde a tração traseira, ele vai de lado. Na tração dianteira você perde a frente. A tração 4x4 eu não perco, pois segura as quatro rodas no chão. Se você precisa subir uma rampa e quer subir com um carro de tração dianteira, não vai subir. Se você colocar a traseira, também não sobe, você precisa tracionar 4X4.

O aprendizado é muito simples, nós precisamos ter a ferramenta, a estratégia certa para a ocasião certa. É fundamental um canal de tração. Você pode falar do seu negócio dando palestras. Se você é farmacêutico, convide as pessoas para uma palestra. Atraia a atenção de várias pessoas para qualquer tipo de negócio. Programe uma feira de negócios do seu ramo, coloque um estande com várias pessoas e isso ajudará a viabilizar seu negócio.

Procure ler os jornais na internet, várias matérias para serem divulgadas precisam ser pagas ou isso ocorre por *network*. Essa publicação é uma forma de propagar, é uma forma de dar autoridade para o negócio. Se você aparecer no site, saiba usar, isso abrirá portas.

Você consegue entender, quando alguém descobre isso, fica cada vez mais poderoso. Geralmente uma pessoa cobra R$5.000 para fazer uma publicação, o que faz com que sua presença digital só aumente.

Quando você aprende a propagar, faz polêmicas e cria argumentos para que os fãs o defendam, você faz tanta coisa que seu negócio chega a lugares estratégicos e isso é muito forte.

Algumas pessoas parecem ser de outro planeta nas propagandas, ao usarem estratégia de propagação. Nós precisamos fazer publicidade pesada. Usamos esse tipo de publicidade para contar histórias. Você coloca no jornal, na revista, no digital, podendo ou não ser pago, a fim de que as pessoas se conectem.

Existe a publicidade viral também, que pode ser feita com notícias chamando atenção para um fato, por exemplo: Chiquinho Scarpa quis chamar atenção enterrando seu carro Bentley. Um dia durante minha campanha para Presidente, eu disse que iria anunciar minha desistência na mídia. Nunca esquecerei desse fato!

No meu prédio, havia uns 20 canais de TV, revista. Comecei a falar e disse: Eu desisto de desistir! A repórter ficou sem entender. Eu desisto do meu tempo de qualidade, eu desisto de várias coisas, mas não desisto do Brasil. A notícia vai embora. Esse é um meio de você propagar.

Se alguém fala mal de você, é preciso tirar proveito disso. Tem de tirar proveito das coisas que você já faz para ajudar as pessoas, dos calotes que você já levou, das falsas promessas e dos resultados que já teve nas coisas ruins e boas. Numa noite eu faturei R$1 milhão, explicando o porquê de a pessoa estar falando mal de mim. Aproveitei e fiz um curso, fiz o lançamento de um livro. Essa pessoa fez uma coisa pensando em me atacar, a técnica foi falar mal dos outros. Lembre-se: **Você nunca perde, você aprende ou ganha.**

Toda vez que alguém fala mal de mim, eu converto em energia, vou mais longe e aproveito e jogo no escanteio essa conversa. Lembre-se de **usar o que fizeram contra você e coloque para trabalhar a seu favor.**

No final do dia, quem pensou estar me destruindo, eu lhe pedi a chave pix para mandar a comissão deles.

Anúncios de *outdoor:* fiz eventos e coloquei 100 placas de *outdoor* na rua. Gastei R$ 100.000 em panfletos e distribuí para encher um ginásio, desde 2010 eu faço isso, não falando, mas produzindo. Eu vi a transição do *off-line* para o *on-line*

A propagação *off-line* é mais centralizada, é mais para um local centralizado, chame o cliente para um café da manhã, atraia-o pelo estômago e faça a venda. Se você quiser fazer um evento regionalizado, vai funcionar *off-line*, fora isso, esqueça eventos *off-line*. Eu fazia muitos cafés da manhã, fazia ligações para os clientes e pedia para que passassem na loja para tomar um café e eles passavam.

Quando você percebe o que está errado e propaga a mensagem certa, muda tudo. Exemplo, eu ligava e perguntava se o cliente poderia passar na loja para tomarmos um café. Eu tinha uma frase: "Posso lhe pedir algo?" Todos os clientes falavam: "Pode". Era uma empresa de atacado. 'Você pode passar aqui na loja primeiro quando vier à cidade?". Imagina você fazer milhares de ligações para o cliente, fazendo isso o ano inteiro, ao chegar na cidade, eles já passavam na loja, porque eles haviam se comprometido Antes de atrairmos os clientes dessa forma, eu fiz uma uma pesquisa, era sobre a nossa loja de roupas, e descobri que ficávamos em último lugar no desejo do cliente. Vou te explicar. Pensa um lojista saindo do Acre, indo para Goiás, que levava R$200 mil, muitos deles levavam em espécie. Então, eles entravam numa loja gastavam R$30 mil, na outra loja R$70 mil, na outra R$100 mil e assim faziam. Eles gostavam da nossa marca, mas preferiam outras marcas na frente, por isso chegavam na nossa loja com R$15 mil, R$20 mil no bolso. Para você ser deixado por último, o cliente está dando um sinal, ou é sobre relacionamento, é sobre o atendimento, é alguma coisa. Desta forma, comecei a fazer ligações para esses clientes durante o ano inteiro para tomarem café conosco, criei um sistema de buscá-los de carro no aeroporto, e muitas outras atitudes. Desta forma fizemos o cliente ir à nossa loja antes das outras e gastar o dinheiro primeiro lá. Nós aumentamos o faturamento em 43% em seis meses. Foram muitas outras ações que tomamos e deu certo. Propagar a mensagem certa muda tudo, nesse caso eu propaguei por meio do telemarketing.

O próximo passo é o **conteúdo**. O que ajuda é propagar conteúdo autoral e diferenciado, chama a atenção. Existe uma postagem minha no Instagram que foi muito forte, *"Os sete pecados digitais."* Às vezes não "bomba" nos comentários, mas é visto por muitas pessoas. Muitas pessoas famosas repostaram. Todos os dias pessoas compartilham as minhas postagens, isso cria uma turbina na propagação.

Crie formas dos clientes lhe darem preferência primeiro. Faça isso o ano inteiro. Coloque isso na cabeça. Dê jeito de ir buscar

Use o conteúdo dos outros.

o cliente se for de fora da cidade. Faça tudo o que for necessário, é muito interessante, vai aumentar muito o seu faturamento.

Quero que você aprenda a fazer isso. Independentemente do que você venda, esse é o jogo. Gaste menos com conteúdo e pegue o que já existe. As pessoas que mais bombam não fazem conteúdo, elas pegam o conteúdo dos outros. A diferença é a ênfase que você faz naquele conteúdo.

Tem um vídeo meu que é assustador, uma dica poderosa é: **use o conteúdo dos outros.** Se você gravar um vídeo falando assim: "desmascarando Pablo Marçal", pode saber que as pessoas virão com vontade para ver o que você tem para dizer.

Uma das coisas que vai ajudar você a ter autoridade é pegar autoridade de outras pessoas. Seja intencional. Faça *collab*, *faça lives* com outras pessoas. Faça *podcast*. Você pode chegar a lugares que com R$1trilhão você não chegaria, isso se chama colaboração e troca de energia com outra pessoa.

Anote o próximo item, comunidade. A comunidade no Facebook é muito boa para isso, grupo de WhatsApp é comunidade, Telegram é comunidade. Você participar de outras comunidades é criar sua comunidade.

Canais de otimização: e-mail, *marketing*, ligação é um canal de atração. SMS é um canal de atração, tráfego pago, Facebook,

LinkedIn, Lead lovers, Active pen, Facebook Ads, Google Ads, Tik Tok Ads, Linkedin Ads. Você precisa testar. Se você der o seu melhor na fase em que você está, estará melhor posicionado para o próximo nível. Saiba disso: se você der o melhor na fase em que você está agora, você continuará crescendo, na próxima fase, dê o seu melhor, siga assim

Tem muita gente 'boba', sem conteúdos relevantes, que está ganhando muito dinheiro porque segue o que eu acabei de te ensinar.

Eu preciso que você entenda que não é somente sobre fazer dinheiro, é para acertar na veia, é para retroalimentar o seu propósito, é para monetizar o propósito. Nós propagamos para crescermos e para que a mensagem que carregamos, vá mais longe.

Eu vejo empresas como armamento para cumprimento do propósito. No fundo, dá trabalho ter uma empresa, mas empresas são armamentos que usamos para guerra, para desfrutar, para ensinar e para multiplicar talentos.

OS 7Ps DA EMPRESARIZAÇÃO

TAREFAS:

Sugiro que reveja os 7 Ps, coloque em prática o que aprendeu e desenvolva o seu negócio para crescer ou ser reestruturado.

CONCLUSÃO

A empresarização é um assunto que precisa ser recorrente em diferentes locais, principalmente no ambiente escolar, contudo, não é de interesse governamental que o povo prospere. Mas se depender de mim, continuarei a levar conhecimento para meu país a fim de que haja mudança de mentalidade e o povo prospere em todas as áreas.

Guarde isto: A riqueza é natural!

Não aceite viver na improdutividade, na pobreza. Revolte-se contra tudo que o afaste da vida de abundância que Deus já determinou para Seus filhos, e em sua trajetória pode sempre contar comigo para ativar, incentivar e dar instruções que possibilitem a abertura de novos empreendimentos.

Se colocar em prática o que aprendeu neste livro, você verá que é possível prosperar, pois eu compartilhei o que vivencio e pratico em minhas empresas.

TMJADF.

**ENCONTRE MAIS
LIVROS COMO ESTE**

Camelot
EDITORA

CamelotEditora